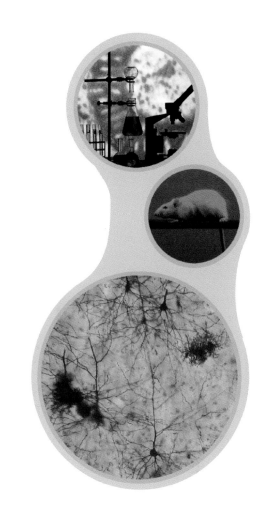

신경과학자를 위한

뇌질환 동물 행동검사

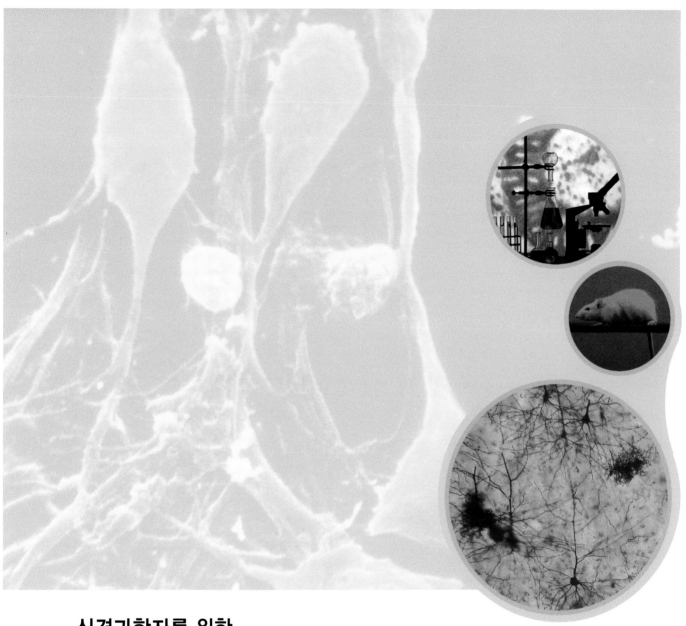

신경과학자를 위한

뇌질환 동물 행동검사

김현택, 최준식, 박은혜, 이강희, 김은주, 이연경 지음

Σ 시그마프레스

신경과학자를 위한 **뇌질환 동물 행동검사**

발행일 | 2006년 4월 28일 초판 1쇄 발행

저자 | 김현택, 최준식, 박은혜, 이강희, 김은주, 이연경
발행인 | 강학경
발행처 | **㈜시그마프레스**
편집 | 송현주
교정 | 문수진

등록번호 | 제10-2642호
주소 | 서울특별시 마포구 성산동 210-13 한성빌딩 5층
전자우편 | sigma@spress.co.kr
홈페이지 | http://www.sigmapress.co.kr
전화 | (02)323-4845~7(영업부), (02)323-0658~9(편집부)
팩시밀리 | (02)323-4197

인쇄 | 대성인쇄   제본 | 세림제책

ISBN | 89-5832-248-9   가격 | 20,000원

저자서문

뇌에 대한 이해가 증가함에 따라 다양한 뇌질환에 대한 치료법이 연구되고 실용화되어 왔다. 뇌질환의 이해와 치료법 개발을 위해서는 행동연구가 필수적이라는 합의는 오래 전부터 있었는데, 그 이유는 뇌의 최종 출력이 행동이며, 행동의 변화는 정신활동의 변화를 반영하기 때문이다. 필자들은 지난 십여 년간 특정 뇌질환의 동물모델을 가지고 행동연구를 해왔는데, 뇌질환 치료연구 분야의 동료 연구자들 또한 행동검사의 필요성을 절감하고 있다는 사실을 알게 되었다.

최근에 과학기술부는 21세기 프론티어 연구개발사업의 일환으로 "뇌기능 활용 및 뇌질환 치료기술개발 연구사업단"을 발족시키고, 많은 뇌과학자들이 함께 협력하고 연구할 수 있는 기회를 갖게 해주었다. 필자들은 그 사업단의 코어퍼실리티에 참여하여 동료 과학자들에게 뇌질환 행동검사 서비스를 하게 되었다. 많은 동료 과학자들은 인간의 뇌질환을 훌륭하게 모사하는 동물모델을 개발하고, 그 동물모델을 사용하여 그러한 뇌질환을 정복할 수 있는 연구를 하기를 바란다. 우리는 그 모델들의 특성들을 검사해 주었으며, 이 책은 그러한 뇌과학자들의 노력에 힘입은 결과물이다.

지난 3년간 "뇌기능 활용 및 뇌질환 치료기술개발 연구사업단"에서 1단계 행동 서비스 센터를 운영하면서 뇌질환 치료연구의 선봉에 선 동료 과학자들이 필요로 하는 행동검사들은 어떤 것들이 있는지 알게 되었고, 인간 뇌질환을 동물모델에 적용할 때의 한계와 실질적인 어려움들에 대해서도 많은 바를 배우게 되었다. 우리 나름대로 현장에서 쌓은 지식과 노하우를 이 책에 고스란히 싣기 위해 노력했으나 하루가 다르게 새로운 연구결과가 출현하는 뇌과학 분야 연구의 특성상 부족한 점이 많으리라 생각한다. 언제든 충고를 보내 주신다면 그를 바탕으로 좀더 충실하고 완벽한 검사집을 만들도록 노력할 것을 약속드린다.

이 책에 소개되는 모든 질환행동 검사는 기본적으로 쥐(rat)와 생쥐(mouse)를 기준으로 서술된 것이다. 하지만 독자들이 다른 실험동물의 행동검사를 실시하고자 할 때에는 그 절차에 적절한 변화를 주어 사용할 수 있을 것이다. 동물의 행동검사라고 해도 기본적으로는 사람의 행동검사와 다르지 않다. 이 책의 질환 분류와 진단명을 DSM-IV에 따른 것도 그러한 이유에서이다. 더 나아가서 필자가 말하고 싶은 점은, 사람의 행동을 측정할 때 고려해야 할 사항이 동물에게도 모두 적용된다는 것이다. 그러므로 실험변수 외에도 실험동물 자체의 변수, 검사의 외적 환경변수, 실험자 변수, 그리고 실험자와 실험동물의 관계변수 등이 대단히 중요하다는 점을 잊지 말아주기 바란다.

사실, 행동검사에 관한 자료를 문헌상으로만 접한 이들은 누구나 할 수 있는 절차들이라고 생각하기 쉽겠지만, 타당하고 신뢰로운, 그리고 정확한 측정을 하기 위해서는 고도의 훈련과 경험이 필요하다. 그리고 측정결과의 해석은 행동 그 자체뿐만 아니라 동물의 종류, 계통, 그리고 가한 처치의 종류와 정도를 함께 고려해야만 하는 까다로운 작업이다. 또한 동물에게 어떤 증상을 말로써 직접 물어볼 수는 없으므로 다양한 행동검사들이 포함된 검사세트(test battery)를 구성해야 하는데, 이는 이 책에서 한 가지 뇌기능을 검사하기 위해서 여러 가지 행동검사를 포함시킨 까닭이기도 하다. 독자들이 이 책을 참조하실 때는 위에서 언급한 사항들을 고려하여 주시기를 부탁드린다.

이 지면을 빌려 검사집 발간에 도움을 주신 고마운 분들께 감사드리고자 한다. 프론티어 사업에서 행동검사 서비스를 통해 동료 과학자들과 귀중한 공동 연구기회를 가질 수 있게 된 것은 행동검사의 중요성을 인식하시고 강조해 주신 김경진 사업단장님의 결정 덕분이다. 진심으로 감사드린다. 더불어서 코어퍼실리티에서 같이 연구하며 많은 도움을 주신 김현, 정천기, 이한웅 교수님께도 감사드린다. 오영준 교수님의 격려와 도움도 잊을 수 없는 고마움이다. 그리고 행동검사 서비스를 의뢰하신 모든 동료 연구자들에게도 많은 감사를 드린다. 다양한 질환모델들에 대한 정보를 주셨을 뿐 아니라 그분들의 다양한 질환모델 동물들이 이 책을 쓰게 한 또 다른 공로자들임을 이 자리를 빌려서 밝힌다.

그리고 최준식 교수와 더불어 뇌기능 행동분석 서비스를 위해 일요일도 없이 수고해준 고려대학교 행동신경과학교실의 박은혜, 김은주, 이강희, 이연경 선생을 비롯한 임승락, 김운령, 정찬미, 김지혜, 서동오, 김세영, 김송이, 김혁, 박의호, 한현정, 조용상, 홍성빈, 방민희, 이규용, 이건호, 권정태 선생에게 심심한 감사를 표한다. 이들은 원고의 수집과 교정을 위해서도 헌신적으로 노력하였다. 그리고 생생하고도 아름다운 행동검사 장면 사진의 촬영과 편집에 노력을 아끼지 않은 이태호 선생에게도 고마움을 전한다. 마지막으로 어려운 여건에서도 이 책의 출판을 위해 기쁜 마음으로 수고해준 (주)시그마프레스의 강학경 사장님에게도 감사한다.

저자대표

차례

01

불안장애

1. 도입

일반적으로 불안은 막연하지만 매우 불쾌한 느낌을 말하며, 관련된 신체증상(가슴이 두근거림, 진땀 등)과 행동증상(과민, 서성거림 등)을 동반한다. 불안이란 신체가 친숙하지 않은 환경에 적응하고자 할 때 나타나는 기본적인 반응양상이다. 정상인도 위험이나 고통이 예견될 때 또는 예기치 않은 상황에 직면했을 때 불안을 경험하지만, 이는 정상적 불안이며 적응적인 반응이다. 그러나 병적 불안은 그 정도가 심하여 문제해결에 오히려 장애를 주는 비적응적 반응을 의미한다. 불안이란 임박한 위험을 경고하는 경계신호이며, 그 내용을 알 수 없는 막연하고 무의식적이며, 내적이고 갈등적인 위협이다. 반면에 공포는 대상을 의식할 수 있으며, 명백한 외적 위협에 대한 반응이다.

DSM-4분류에 의하면, 불안장애는 범 불안장애(gene-ralized anxiety disorder), 공황장애(panic disorder), 공포증(phobia), 강박장애(obsessive compulsive disorder), 외상 후 스트레스 장애(post traumatic stress disorder)로 분류된다.

정서는 개인 내적인 것이며 주관적인 경험에 영향을 받는다. 그러므로 동물이 느끼는 정서적인 측면을 직접 알아보는 것은 불가능하다. 결국 동물모델을 통한 불안장애 연구는 자극에 대한 동물의 행동적, 신체적인 반응만을 관찰할 수 있다는 한계가 있다. 하지만 동물의 해부학적, 신경화학적인 측면이 사람의 것과 여러 부분에서 유사하다는 점에서 동물모델은 불안장애를 연구하는 데 유용하다. 동물모델을 이용한 불안 관련 행동의 검사들은 일반적으로 갈등상황을 기초로 한다. 즉 동물에게 보상적인 상황과 혐오적인 상황을 동시에 제공하여 갈등유발 상황을 조성하는 것이다. 예를 들면 vogel conflict test의 경우, 물을 박탈한 동물에게 레버를 누르면 물이 나오는 것과 동시에 전기쇼크를 받는다는 것을 학습시킨다. 동일한 자극(레버)이 보상(물)과 처벌(전기쇼크)의 속성을 둘 다 가질 때 갈등을 야기하며, 이때 동물은 내적 불안수준에 따라 행동의 차이를 보인다. 우리는 이 행동의 차이를 관찰함으로써 불안수준을 측정하게 된다.

최근에는 유전자조작동물을 이용하여 불안의 기저에 존재하는 신경생물학적 메커니즘을 보다 직접적으로 연구하는 일이 가능해졌다. 예를 들어 Corticotrophin-releasing factor(CRF)가 과발현되는 transgenic mice는 불안한(anxiogenic-like) 행동을 보인다. 이 동물은 elevated plus maze(EPM)에서 개방형 통로에 머문 시간이 통제집단에 비해 유의미하게 낮고, 인지적인 수행도 떨어진다. 반면 CRF-R1수용기 subtype에서 결함을 보이는 knockout mice는 반대 행동을 보인다. 이 동물은 EPM에서 개방형 통로에 머문 시간이 통제집단에서보다 더 높게 나타난다. 이는 CRF가 불안행동의 발현에 중요한 역할을 한다는 것을 시사한다.

이처럼 동물모델을 통해 불안장애를 연구할 때에는 우선 불안장애의 광범위한 양상을 이해하고 그에 따른 행동검사를 선택하여야 한다. 또한 행동의 차이를 통해 간접적으로 불안수준을 측정하는 행동검사의 속성상 그 결과를 해석하는 데 주의가 필요하며, 검사 간 상호영향을 줄 수 있는 변인들을 고려하여 실험을 설계해야 한다. 특히 유전자조작동물을 이용한 실험결과를 해석할 때에는 행동적, 생리적, 유전적 변인들을 이해하고 해당 변인들 간의 상호관련성을 유추하여야 한다. 이러한 과정을 통해 산출된 동물모델을 이용한 연구결과는 불안장애의 기제를 밝히고 임상적으로 불안장애를 치료하는 데 단서를 제공한다. 또한 유용한 항불안 약물의 검사에도 사용될 수 있다.

2. 행동검사

1. 감각기능 검사
   ① Stress-induced hyperthermia paradigm test
2. 운동기능 검사 (불안 활동성 검사)
   ① Open field test
   ② Hole board test
3. 정서기능 검사
   ① Elevated plus maze test (EPM)

② Vogel conflict test

③ Light-dark preference test

④ Geller-Seifter conflict test

4. 인지기능 검사
   ① Water maze test I (hidden platform version)

5. 기타 기능 검사
   ① Social interaction test

감각기능 검사 1

검사명	Stress-induced hyperthermia paradigm test
실험 목적	본 검사는 친숙한 환경에서 약한 강도의 스트레스에 노출되었을 때 신체 온도의 변화를 측정하여 개체의 반응지표로 삼는 것이다.

실험 장비

1. 동물의 직장에 삽입할 탐침형 체온계(Thermalert TH-5, Physitemp, Clifton, NJ, USA)
2. 탐침형 체온계에 도포할 oil
3. 스트레스 자극으로 전기쇼크를 가할 수 있는 장비
   (stress 자극의 종류는 동물 및 실험에 따라 다를 수 있다)

실험 절차

1. 동물의 신체 온도 기저선을 측정하기 적어도 3시간 전에 동물을 행동 검사실로 옮겨 환경에 적응시킨다.
2. 동물의 직장에 탐침형 체온계를 약 2cm 정도 삽입하여 동물의 신체 온도 기저선(T1)을 측정한다.
3. 직장에 탐침형 체온계를 삽입하고 스트레스(mouse의 경우 2mA, 10초 간격으로 5번의 발바닥 전기쇼크)를 준다.
4. 동물의 신체 온도(T2)를 다시 측정한다.
5. 스트레스를 받기 전의 기본 신체 온도를 스트레스를 받고 난 후의 변화한 신체 온도에서 뺀다(T2-T1).

주의사항

1. 행동 검사실에 동물을 미리 적응시키는 절차가 반드시 필요하다.
2. 항온 항습실이 필요하다.

운동기능 검사 1

검사명	Open field test
실험 목적	본 검사는 동물의 일반적인 보행활동수준을 알아보기 위한 검사이다. 어떤 처치 후 동물의 행동 변화를 살펴보기 위해서는 동물의 기본적인 활동수준을 검사해야 할 필요가 있다. 동물의 행동양상과 특성을 직접 관찰하여 동물의 활동성, 정서성, 행동패턴 등을 측정할 수 있다.

실험 장비

선형적인 open field 검사는 동물이 움직이기 충분한 사각형 모양의 개방된 상자(rat의 경우 77cm×77cm×25cm, mouse의 경우 40cm×40cm×27cm의 나무 혹은 아크릴 상자)에서 이루어진다.

1. 개방장 전체를 주변부와 중심부로 구분
2. 비디오 모니터와 컴퓨터 트랙킹 : 중심부와 주변부 움직임 측정

실험 절차

1. 검사하기 30분 전에 동물을 행동 검사실에 미리 적응시킨다.
2. 동물을 출발상자에서 60초간 적응시킨 후 출발상자의 문을 열어 출발시킨다.
3. 상자에서의 행동은 보통 10~20분 동안 미리 정해둔 시간만큼 기록하며, 측정치들은 다음과 같다.
   ① 출발 잠재기(start latency, 제한시간 60초)
   ② 중심부에서의 활동(컴퓨터 트랙킹 혹은 관찰자가 측정)
   ③ 주변부에서의 활동(컴퓨터 트랙킹 혹은 관찰자가 측정)
   ④ 앞발 들기(rearing)
   ⑤ 몸치장(grooming)
   ⑥ 대변, 소변

주의사항

이전 실험동물의 대소변이 이후 실험동물에게 후각 단서로 작용하여 행동에 영향을 주는 것을 막기 위해 검사 후 상자를 에탄올(70%)로 잘 닦아주어야 한다.

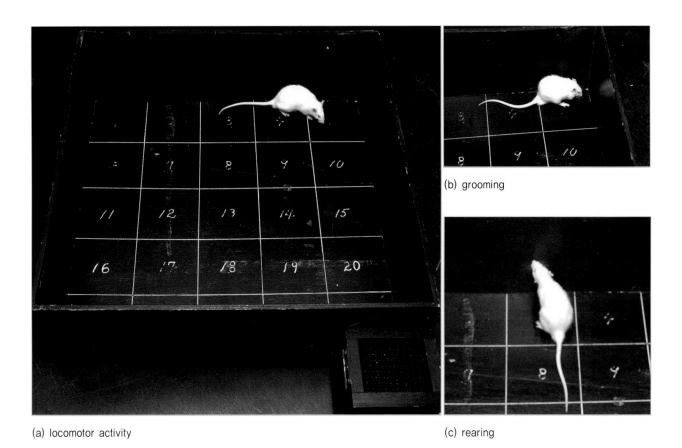

(a) locomotor activity

(b) grooming

(c) rearing

Fig 1. Open field test

사각형 모양의 개방된 상자에서 동물의 활동수준을 살펴본다. 일반적인 보행활동(a) 및 털을 고르거나(b, 몸치장 행동) 몸을 일으켜 주변을 탐색하는(c, 일어서기) 등의 특징적인 활동 양상을 측정한다.

운동기능 검사 2

검사명	Hole board test
실험 목적	본 검사는 동물의 활동성과 탐색 경향성을 측정하기 위해 실시한다.

실험 장비

실험 장비는 동물 혹은 실험실마다 다를 수 있으나, 기본적으로 다음과 같은 장비가 필요하다.

1. 직경 4cm의 구멍이 4개 있는 회색의 사각형 상자(60cm×60cm) ― 바닥에서 23cm 높이에 설치한다.
2. 동물의 행동을 녹화할 수 있는 기록 장치

실험 절차

1. 동물을 상자의 중앙에 놓는다.
2. 동물의 행동은 동물이 구멍에 머리를 넣고 있는 시간과 횟수, 상자에서 움직인 거리, 그리고 일어서기(rearing)를 한 횟수를 기록한다. 이때 상자에서 움직인 거리는 중앙부와 주변부로 나누어서 기록한다. 중앙부는 동물의 네 발이 중앙에 위치했을 때 기록하고, 주변부는 벽과 구멍 사이 공간에 동물의 네 발이 위치할 때 기록한다.
3. 15분 동안 측정한다(실험 시간은 동물 혹은 실험에 따라 다를 수 있다).

주의사항

hole board는 검사 후 에탄올(70%)로 깨끗이 닦아준다.

검사명	Elevated plus maze test (EPM)
실험 목적	본 검사는 동물의 새로운 환경을 탐색하고자 하는 경향과 개방되고 높은 공간에 대해 혐오적 반응을 보이는 경향의 자연적인 갈등 속에서 동물의 정서를 반영하는 행동을 측정할 수 있다. 불안장애를 보이는 동물의 경우 기본 탐색활동의 저하가 나타나고 혐오환경에 보다 민감하게 반응하는 경우가 많으므로, 이 검사를 통해 정서적인 불안에 대한 평가를 할 수 있다.

실험 장비

정서반응을 측정하는 실험 장비와 시간은 실험실마다 다를 수 있으며, 상용화된 장비들도 다양하나 대개 다음과 같은 장비가 필요하다.

1. 60W 전구
2. 십자모양의 아크릴 소재로 만든 미로

   중앙에 7.5cm×7.5cm의 사각의 플랫폼이 있고, 그 플랫폼을 둘러싸고 길이 40cm, 폭 8cm의 네 개의 통로가 십자모양으로 붙어있음. 서로 마주하고 있는 두 개의 통로는 28.5cm 높이의 벽으로 막힌 폐쇄형 공간이고, 나머지 마주하는 두 개의 통로는 동물이 떨어지지 않도록 1cm 높이의 턱이 있는 개방된 공간으로 구성. 바닥에서 50cm 높이에 설치.

실험 절차

1. 동물을 중앙의 플랫폼에서 개방형 통로 쪽을 향하게 하여 놓는다.
2. 개방형 통로와 폐쇄형 통로에 각각 출입한 횟수와 머문 시간을 기록한다.
3. 총 8~10분 동안 실시한다.

주의사항

1. 검사를 시작할 때 동물을 중앙의 플랫폼에서 개방형 통로 쪽을 향해 놓는 것에 주의한다.
2. 한 동물의 검사가 끝난 후에는 다음 동물의 검사를 위해 에탄올(70%)로 장비를 닦는다.
3. 폐쇄형 통로에서 동물이 나오지 않을 수 있으므로 실험실 내외부의 소음과 조명에 유의하여야 한다.

(a)

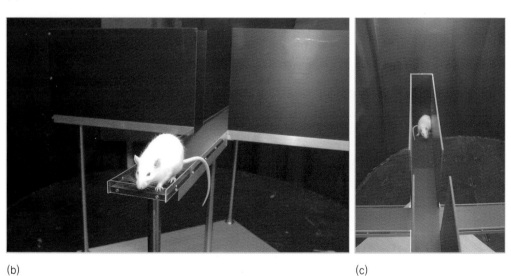

(b)

(c)

Fig 2. Elevated plus maze test

개방된 통로와 폐쇄형 통로를 바닥에서 1m 높이에 설치한다(a). 개방된 통로(b)와 폐쇄형 통로(c)에 머무는 시간을 측정하여 동물의 불안수준을 평가한다.

정서기능 검사 2

검사명	Vogel conflict test
실험 목적	본 검사는 조작적 조건화(operant conditioning) 절차를 사용한다. 동물에게 레버 누르기와 보상(물)을 연합시킨 후, 보상(물)과 처벌(전기쇼크)을 동시에 제공함으로써 갈등상황을 만든다. 이러한 갈등상황에서 나타나는 동물의 행동반응을 관찰함으로써 동물의 불안수준을 측정할 수 있다.

실험 장비

실험 장비는 동물 혹은 실험실에 따라 다를 수 있으나 대개 다음과 같은 장비가 필요하다.

1. 레버가 달린 조작적 조건화 상자 – 물과 전기쇼크가 제공되는 장치와 연결
2. 레버와 연결되어 전기쇼크를 가할 수 있는 장치
3. 꼭지가 있는 물병 및 물

실험 절차

1. 실험이 시작되기 하루(24시간) 전에 물 박탈을 시킨다.
2. 실험 첫째 날, 동물을 검사 상자에서 9분간 적응시키고, 그동안 자유롭게 물을 마실 수 있도록 한다. 이 절차는 앞으로 동물이 물을 마시는 기준선을 측정하기 위한 것이다. 9분 후 동물을 사육상자로 돌려보낸다.
3. 다시 24시간 동안 동물을 물 박탈시킨다.
4. 다음 날부터 동물에게 레버를 눌러 물을 마시도록 학습시킨다.
5. 학습수준이 안정적인 기준선에 도달하면 동물을 검사 상자에 9분간 넣고, 매 20번째 물 마시기를 할 때마다 약한 전기쇼크를 준다.
6. 동물이 9분 동안의 전기쇼크를 받은 횟수를 기록한다.

주의사항

1. 동물을 검사 상자에서 미리 적응시키는 절차가 필요하다.
2. 다음 번 동물을 검사 상자에 넣기 전 상자를 에탄올(70%)로 닦는다.

정서기능 검사 3

검사명	Light-dark preference test
실험 목적	본 검사는 새로운 환경을 탐색하고자 하는 행동과 개방되고 밝은 공간에 대해 혐오적 반응을 보이는 행동의 자연적인 갈등상황에서 동물의 정서를 반영하는 행동을 관찰하는 것이다.

실험 장비

1. 400~500Lux 램프
2. 동물의 움직임을 모니터링할 수 있는 장치
3. 아크릴 상자 - 아크릴 상자를 두 개의 부분으로 나눈다. 두 개 중 한 칸은 상자의 위가 개방되어 있고, 램프를 달아 환하게 만든다. 다른 한 칸은 검게 칠하고 검은 아크릴 덮개로 덮는다. 이 두 칸은 가운데에 있는 문에 의해 구분되도록 한다.

실험 절차

1. 각 검사를 위해 먼저 동물을 30분 동안 불빛이 약한 조건에서 적응시킨다.
2. 문을 등지게 하여 동물을 불빛이 있는 상자의 중앙부분에 놓는다.
3. 동물이 어두운 상자에 머무는 시간과 두 상자 사이를 오간 횟수를 기록한다.
4. 검사는 10분 동안 실시한다.

주의사항

1. 동물이 상자의 밝은 칸에서 빛에 노출되기 전에 미리 약한 빛에서 적응시키는 절차가 필요하다.
2. 과행동성이나 오반응이 결과해석에 미치는 영향을 막기 위해 개방형 칸에서 각 동물마다 일반적으로 나타나는 활동수준의 기저선을 측정해놓는 것이 좋다.

Fig 3. Light-dark preference test

야행성 설치류의 경우 밝고 개방된 공간보다 어둡고 좁은 공간을 선호하는 경향이 있다. 밝기가 다른 두 개의 상자에서 동물의 명암 선택성을 확인하여 불안수준을 평가한다.

정서기능 검사 4

검사명	Geller-Seifter conflict test
실험 목적	본 검사는 조작적 조건화 절차를 사용한다. 동물에게 레버 누르기와 보상(먹이)을 연합시킨 후, 보상(먹이)과 규칙적인 처벌(전기쇼크)을 동시에 제공함으로써 갈등상황을 만든다. 이러한 갈등상황에서 나타나는 동물의 행동반응을 관찰함으로써 동물의 불안수준을 측정할 수 있다.

실험 장비

1. 레버가 달린 조작적 조건화 상자 – 먹이와 전기쇼크가 제공되는 장치와 연결
2. 레버와 연결되어 전기쇼크를 가할 수 있는 장치
3. 먹이 공급장치 및 먹이(food pallet)

실험 절차

1. 학습에 들어가기 앞서 동물의 몸무게가 80% 수준에 이를 정도의 먹이 박탈을 시킨다.
2. 먹이 박탈된 상태의 동물을 조건화 상자에 넣어 레버 누르기와 먹이를 연합시킨다.
3. 조건화 절차는 다음과 같다.
   ① unpunished stage(5min) – 조명(house light)이 켜져 있고 동물이 레버를 누르면 먹이를 제공받는다.
   ② timeout stage(2min) – 조명(house light)이 꺼져 있고 동물이 레버를 눌러도 강화물(먹이 혹은 전기쇼크)은 나오지 않는다.
   ③ punished stage(8min) – 조명(house light)이 꺼져 있고 자극조명(cue light)은 켜져 있다. 동물이 레버를 누르면 10번에 한 번씩(FR10) 먹이와 전기쇼크가 함께 제공된다.
   ④ 이 절차를 두 번 연속해서 반복한다.
4. 매 시행마다 동물이 받는 전기쇼크 횟수를 측정한다.
5. 이 전기쇼크 횟수를 통해 집단 간 불안수준을 비교할 수 있으며, 혹은 수행수준이 안정적인 기준선에 이르게 되면(하루에 받는 전기쇼크의 횟수가 일정해짐) 항불안제를 처치하여 그 효과를 측정해볼 수 있다. 일반적으로 불안수준이 낮거나 불안완화제가 효과가 있다면 동물이 받는 전기쇼크 횟수는 늘어난다.

주의사항

1. 동물을 조건화 상자 안에서 전기쇼크에 대해 미리 적응시키는 절차가 필요하다.
2. 먹이 박탈 시 동물의 몸무게가 정상 체중의 80% 이하로 떨어지지 않도록 주의한다.

인지기능 검사 1

검사명	Water maze test Ⅰ (hidden platform version)
실험 목적	본 검사는 학습과 기억을 평가할 수 있는 검사로 가장 많이 사용된다. 가장 일관적인 연구결과는 해마 손상 동물이 본 검사에서 수행 능력에 결함을 보인다는 것이다. 불안수준이 동물의 인지기능에 어떤 영향을 미치는지를 확인하기 위해 사용할 수 있는 검사이다.

실험 장비

실험 장비는 실험실마다 다를 수 있으며, 상용화된 장비들도 다양하나 대개 다음과 같은 장비가 필요하다.

1. 원형으로 된 swimming pool(rat의 경우 지름 150~180cm, 높이 50cm ; mouse의 경우 사용 가능한 pool의 지름이 85~180cm 까지 다양)
2. swimming pool에 넣을 깊이 25cm, 25±1℃의 물
3. 탈지분유(물을 불투명하게 하여 도피대가 보이는 것을 방지)
4. 지름 10cm, 높이 23~24cm의 나무나 아크릴로 만들어진 도피대
5. 비디오 카메라(pool의 가운데 위에 설치되어 동물의 움직임을 기록)
6. 공간 단서(동물이 도피대 위치를 배우게 하기 위한 단서)

실험 절차

1. 훈련 시작 하루 전에 도피대가 없는 swimming pool에서 60초 동안 자유롭게 수영하게 하여 수영하는 상황에 적응시킨다.
2. 훈련이 시작되면 동물을 4사분면 중 한쪽 벽면에 배가 닿도록 하여 동물을 물 안으로 놓아준다.
3. 5일 동안 하루에 3~6trial 씩 물에 잠겨 있는 도피대의 위치를 찾아 올라가도록 훈련시킨다. 각 시행마다 임의의 사분면에서 출발하도록 한다.
4. 동물이 도피대를 찾아 올라갈 때까지의 잠재기(도피잠재기)를 측정하고, 만약 60초 내에 도피대의 위치를 찾아내지 못했다면 동물이 수영하도록 하면서 실험자가 도피대로 인도해 준다.
5. 동물이 도피대에 일단 올라가면 도피대 위에서 30초간 머무르도록 한다.
6. 훈련이 끝난 회기 24시간 후에 probe trial을 시행한다. 도피대 없이 60초 동안 자유 수영을 하게 하여 이전 도피대의 위치에 대한 기억을 보유하고 있는지에 대한 검사를 실시한다.

주의사항

1. 도피대는 수면에서 1~2cm 아래에 두며, 수면 위에서 보이지 않도록 한다.
2. 관찰자의 위치도 공간 단서가 될 수 있으므로 항상 동일한 위치에서 실험을 진행하도록 한다.

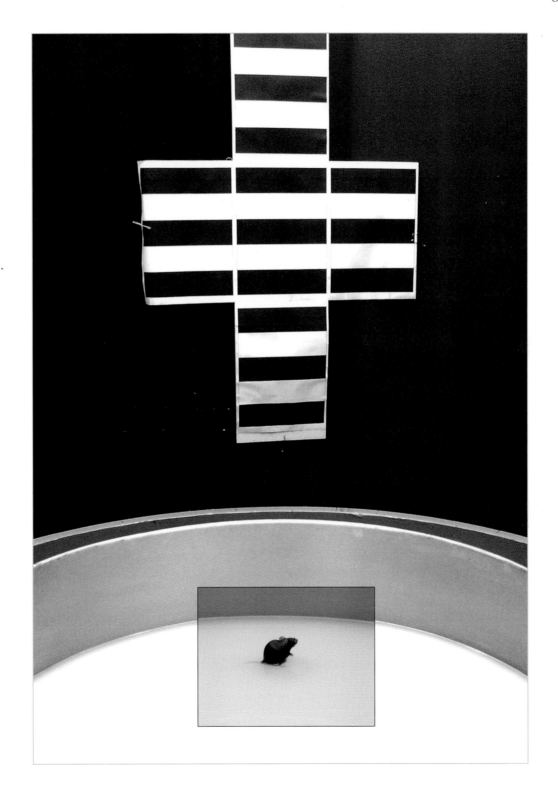

Fig 4. Water maze test

동물을 큰 원형 수조에 빠뜨린 후 도피대를 찾아 올라갈 때까지 걸린 시간(도피잠재기)을 측정한다. 이 때 동물은 도피대를 찾기 위해 주변에 있는 공간 단서를 이용하여 도피대의 위치를 학습한다.

기타 기능 검사 1

검사명	Social interaction test
실험 목적	본 검사를 통해 일반활동성 및 동물 간에 보이는 공격행동과 불안수준을 측정할 수 있다.

실험 장비

1. 동물들이 자유롭게 돌아다닐 수 있을 만한 크기의 사각형 상자(rat의 경우 77cm×77cm×25cm, mouse의 경우 52cm×52cm×25cm)
2. 동물의 행동을 관찰하기 위한 비디오 장치나 tracking 시스템
3. 실험 상자를 관찰하기 위한 붉은 빛의 전등

실험 절차

1. 동물을 실험실에서 30분간 적응시킨다.
2. 두 마리의 동물을 실험 상자의 양 끝에 두고 20분간 행동을 관찰한다.
3. 두 동물이 보이는 행동 중 냄새맡기, 따라다니기, 기어다니기, 수동적 접촉 등은 비공격적인 행동으로, 물기, 뛰기, 차기, 피하기/쫓기, 싸우기 등은 공격적 행동으로 분류하여 그 빈도를 측정한다.

주의사항

실험 전 동물의 행동을 비공격적 행동 또는 공격적 행동으로 분류하여 관찰자들 사이에 조작적 정의를 내리는 것이 중요하다. 행동을 관찰하는 실험자 간에 조작적 정의의 기준이 다를 경우 부정확한 측정결과가 산출된다.

(a)

(b)

(c)

(d)

Fig 5. Social interaction test

두 동물을 상자에 넣고(a, b), 두 동물이 보이는 행동 중 냄새맡기, 따라다니기, 기어다니기, 수동적 접촉 등은 비공격적인 행동으로(c), 물기, 뛰기, 차기, 피하기/쫓기, 싸우기 등은 공격적 행동(d)으로 분류하여 그 빈도를 측정한다.

3. 요약

불안장애(anxiety disorder)는 주관적으로 경험되는 매우 불쾌한 정서가 행동증상 및 신체증상과 함께 나타나는 일련의 상태이다. 동물모델을 통해 불안장애를 연구할 때에는 실험계획과 행동검사 선택 및 수행 그리고 결과해석에 있어서 심리적, 신체적, 유전적 요인들과 그 상호작용을 반드시 고려해야 한다. 불안장애 연구를 위한 동물 행동모델에는 감각기능 검사로 stress-induced hyperthermia paradigm test가 있고, 운동기능 검사로 open field test, hole board test가 있다. 인지기능 검사에는 water maze test가 있고, 정서기능 검사로는 elevated plus maze test, vogel conflict test, light-dark preference test 등이 있다.

4. 더 읽을거리

Bridges, N. J., & Starkey, N. J. (2004). Sex differences in Mongolian gerbils in four tests of anxiety. *Physiol Behav, 83,* 119-127.

Dulawa, S. C., Holick, K. A., Gundersen, B., & Hen, R. (2004). Effects of chronic fluoxetine in animal models of anxiety and depression. *Neuropsychopharmacology, 29,* 1321-1330.

Kanari, K., Kikusui, T., Takeuchi, Y., & Mori, Y. (2005). Multidimensional structure of anxiety-related behavior in early-weaned rats. *Behav Brain Res, 156,* 45-52.

Kliethermes, C. L. (2005). Anxiety-like behaviors following chronic ethanol exposure. *Neurosci Biobehav Rev, 28,* 837-850.

Langen, B., & Fink, H. (2004). Anxiety as a predictor of alcohol preference in rats? *Prog Neuropsychopharmacol Biol Psychiatry, 28,* 961-968.

Martin, J. R., Ballard, T. M., & Higgins, G. A. (2002). Influence of the 5-HT2C receptor antagonist, SB-242084, in tests of anxiety. *Pharmacol Biochem Behav, 71,* 615-625.

Rudrauf, D., Venault, P., Cohen-Salmon, C., Berthoz, A., Jouvent, R., & Chapouthier, G. (2004). A new method for the assessment of spatial orientation and spatial anxiety in mice. *Brain Res Brain Res Protoc, 13,* 159-165.

Van Der Heyden, J. A. M., Zethof, T. J. J., & Olivier, B. (1997). Stress-induced hyperthermia in singly housed mice. *Physiology & Behavior, 62(3),* 463-470.

02

주의력결핍 및
과잉행동장애

1. 도입

주의력결핍 및 과잉행동장애(ADHD)는 아동기의 가장 흔한 장애 중 하나로 학령기 아동의 약 3~8%(한 학급에 1~3명 정도)의 유병률을 보인다. ADHD 아동들은 심하게 움직이고 부산스러운 과잉행동(hyperactivity), 집중력이 부족하고 끈기가 없어 쉽게 싫증을 내는 부주의(inattention), 참을성이 적고 감정 변화가 많은 충동적 행동(impulsivity)의 세 가지 주된 특징적 행동을 보인다.

이러한 증상들을 구체적으로 살펴보면, 과잉행동 특성을 보이는 아동은 자리에서 만지작거리거나 꼼지락거리고, 가만히 앉아 있어야 할 상황에서 가만히 앉아 있지 못하고, 부적절한 상황에서 지나치게 뛰어다니거나 기어오르고, 조용히 여가활동에 참여하거나 놀지 못하며, 끊임없이 활동하거나 마치 무엇인가에 쫓기는 것처럼 보이고, 지나치게 수다스럽게 말하는 등의 행동을 보인다.

ADHD를 유발하는 신경생물학적 원인으로 전두엽과 기저핵의 도파민 체계의 이상이 거론되고 있지만 신경해부학 및 신경약리학적 연구들이 더 필요하다. 유전자 조작과 인위적인 뇌손상을 통해 ADHD의 임상적 증상과 유사한 행동 특징적 요소를 가지고 있는 동물모델을 만들어 ADHD의 원인과 치료방법을 연구하고 있다. 유전자 변형을 통한 ADHD 연구의 대표적인 모델은 Spontaneously hypertensive rat(SHR)으로 Wister-Kyoto strain을 내교배(inbreeding)하여 만든 것이다. SHR은 새로운 환경에서 과잉행동, 자극에 대한 충동행동, 조작적 조건화(operant conditioning) 학습장애 등의 ADHD의 특징을 보인다. 그 밖에 도파민과 관련된 동물모델로 Naples high-excitability rat은 전뇌와 변연계에서 도파민이 과잉기능함으로써 과흥분성(hyperex-citabiliy)과 시공간적 주의결핍을 보이며, Dopamine transporter knockout mouse는 도파민 수용기 기능을 차단하여 자발적 과잉행동(spontaneous behavioral hyperactivity)을 보이는 모델이다.

또한 뇌손상을 통한 동물모델은 갓 태어난(neonatal) 쥐를 대상으로 전뇌 도파민 신경투사를 선택적으로 제거함으로써 자발적 운동과잉(spontaneous motor hyperactivity)을 유발하거나, 저산소증을 유도하여 모노아민계(monoamine system)의 변형을 초래하여 ADHD와 유사행동을 산출한다. 기타 동물모델로 hyposexual male rat이나 행동실험을 통해서 주의결함과 충동행동을 보이는 개별 동물을 추출하여 연구를 실시한다.

이러한 ADHD 동물모델은 대부분 과잉행동, 부주의, 충동행동을 보이는 모델이다. 따라서 ADHD와 관련된 행동실험을 수행할 때, 개체의 보행활동(locomotor activity), 시공간주의(visuospatial attention), 긴장 수준(tension)을 측정하는 것이 필수적이다. 또한 주의(attention)에 따른 학습능력 검사와 성행동 검사를 병행하도록 한다.

2. 행동검사

1. 운동기능 검사
   ① Open field test
   ② Làt-maze test
   ③ Voluntary running distance test
2. 인지기능 검사
   ① Five-choice serial reaction time task
   ② Prepulse inhibition test
   ③ Conditioned avoidance test – Shuttle box
   ④ Water maze test II (Delayed-matching-to-place

version)

3. 정서기능 검사

　① Elevated plus maze test (EPM)

4. 기타 기능 검사

　① Social interaction test

　② Sexual behavior test

운동기능 검사 1

검사명	Open field test
실험 목적	본 검사는 동물의 일반적인 보행활동수준을 알아보기 위한 검사이다. 어떤 처치 후 동물의 행동 변화를 살펴보기 위해서는 동물의 기본적인 활동수준을 검사해야 할 필요가 있다. ADHD 동물모델에서 이 검사를 실시하는 목적은 과잉활동성을 측정하기 위해서이다.

실험 장비

전형적인 open field 검사는 동물이 움직이기 충분한 사각형 모양의 개방된 상자(rat의 경우 77cm×77cm×25cm, mouse의 경우 40cm×40cm×27cm의 나무 혹은 아크릴 상자)에서 이루어진다.

1. 개방장 전체를 주변부와 중심부로 구분
2. 비디오 모니터와 컴퓨터 트랙킹 : 중심부와 주변부 움직임 측정

실험 절차

1. 검사하기 30분 전에 동물을 행동 검사실에 미리 적응시킨다.
2. 동물을 출발상자에서 60초간 적응시킨 후 출발상자의 문을 열어 출발시킨다.
3. 상자에서의 행동은 보통 10~20분 동안 미리 정해둔 시간만큼 기록하며, 측정치들은 다음과 같다.
    ① 출발 잠재기(start latency, 제한시간 60초)
    ② 중심부에서의 활동(컴퓨터 트랙킹 혹은 관찰자가 측정)
    ③ 주변부에서의 활동(컴퓨터 트랙킹 혹은 관찰자가 측정)
    ④ 앞발 들기(rearing)
    ⑤ 몸치장(grooming)
    ⑥ 대변, 소변

주의사항

이전 실험동물의 대소변이 이후 실험동물에게 후각 단서로 작용하여 행동에 영향을 주는 것을 막기 위해 검사 후 상자를 에탄올(70%)로 잘 닦아주어야 한다.

운동기능 검사 2

검사명	Làt-maze test
실험 목적	본 검사는 open-field와 유사하게 동물의 보행활동수준을 측정한다.

실험 장비

1. 나무 상자(60cm×60cm×40cm) 안에 이보다 작은 투명한 플라스틱 상자(30cm×30cm×40cm)를 넣는다. 그러면 두 상자 사이에 길이 60cm, 너비 15cm, 높이 40cm의 공간이 생기게 된다. 동물이 플라스틱 상자를 통해 가운데를 볼 수 있도록 한다.
2. 동물의 행동을 관찰하기 위한 비디오 장치나 tracking 시스템을 갖추어 활동수준을 분석할 수 있도록 준비한다.
3. 실험 상자를 비추는 데 사용할 붉은 빛의 전등

실험 절차

1. 행동 검사실로 동물을 옮겨와 실험실 환경에 30분간 적응시킨다.
2. 두 상자 사이의 공간에 동물을 위치시키고 3분간 행동을 관찰한다. 앞발을 들고 일어서는 행동의 빈도와 유지 시간, 앞발로 벽에 기대어 서 있는 행동빈도와 배변량 등을 측정한다.

주의사항

행동 관찰 이후 상자를 청결하게 한다. 앞서 관찰한 동물의 배변물에서 나오는 냄새로 인해 다음 동물이 영향을 받지 않도록 한다.

운동기능 검사 3

검사명	Voluntary running distance test
실험 목적	본 검사는 동물의 사육환경과 유사한 환경에서 동물의 자발적인 활동량을 측정한다.

실험 장비

1. 사육실에서 사용하는 것과 유사한 개별 사육상자(25cm×15cm×12cm)의 한 면에 쳇바퀴를 설치한다.
2. 쳇바퀴의 축에 회전한 양을 계산할 수 있는 장치를 구비하고, 컴퓨터에 연결하여 동물의 운동량을 측정할 수 있도록 한다.
3. 물과 먹이를 마음껏 먹을 수 있도록 충분히 준비한 후에 사육실과 유사한 환경에서 실험을 진행한다.

실험 절차

1. 쥐를 사육상자에 넣은 후에 사육실과 유사한 환경에서 2시간씩 8일간 실험을 진행한다.
2. 쳇바퀴의 총 회전 수와 동물의 총 운동 거리를 측정한다.

주의사항

1. 동물의 각성상태가 시간대에 따라서 다르기 때문에, 매일 동일한 시간대에 실험할 수 있도록 한다.
2. 실험 진행 중에 외부 자극이 동물에 미치는 영향을 최소화한다. 가급적이면 실험실에 관찰자가 들어가 있지 않도록 한다.

인지기능 검사 1

검사명	Five-choice serial reaction time task
실험 목적	본 검사는 ADHD 동물모델을 위해 개발된 실험으로 시공간적 주의를 측정한다.

실험 장비

1. 옆에 보는 그림과 같이 앞면에 9개의 구멍(2.5cm×4cm)이 있는 알루미늄 상자 (25cm×25cm)가 필요하다. 검은 부분을 제외한 5개의 구멍에는 각각 불빛이 들어올 수 있게 되어있고, 입구에 적외선 감지장치가 설치되어, 움직임에 대한 신호를 탐지할 수 있다. 밑부분의 약간 튀어나와 있는 부분은 먹이가 나오는 공간이다.

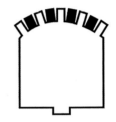

2. 적외선 감지장치를 컴퓨터에 연결하여 동물 행동빈도 및 시간을 측정할 수 있는 시스템을 갖춘다.
3. 동물의 행동을 관찰하기 위한 비디오 장치를 마련한다.

실험 절차

1. 실험 16시간 전에 먹이 박탈을 시킨다.
2. 동물을 상자에 넣고, 먹이를 제공해주어 먹이가 나오는 위치를 확인시킨다.
3. 이후 무선적인 방식으로 한 구멍에 4초간 불이 들어오고, 제한된 시간(1초) 안에 동물이 불이 들어온 구멍에 코를 들이미는 반응을 보이면 강화물로 먹이를 제공한다. 만약 요구하는 반응을 보이지 않으면 상자 전체를 30초간 어둡게 한 후 다시 진행한다. 한 시행당 10분씩 훈련시킨다.
4. 학습이 진행될수록 불빛이 들어오는 시간은 줄어들고(4초, 3초, 2초…), 행동반응 제한시간은 늘어나게 된다 (1초, 2초, 3초…). 따라서 동물의 시공간적 주의력을 필요로 한다.
5. 동물이 정확하게 반응한 횟수와 오류 횟수, 자극제시 후 반응까지 걸린 시간, 먹이까지 도달하는 데 걸린 시간을 측정한다.

주의사항

학습절차가 컴퓨터 프로그램으로 진행되기 때문에, 실험을 실시하기 전에 모든 장치가 올바르게 작동하는지 점검하여야 한다.

검사명	Prepulse inhibition test
실험 목적	본 검사는 감각운동 연합에 대한 신경생리학적, 행동적 측정방법이다. ADHD 연구에서 이 과제는 백색잡음에 대한 활동수준과 강한 청각자극에 대한 반응을 측정하여 주의력결핍을 검사한다.

실험 장비

prepulse inhibition 반응을 측정하는 실험 장비는 acoustic startle response test와 동일한 것을 사용한다.

1. 동물을 가볍게 구금할 수 있는 상자
2. 5~1000ms까지 범위의 소리자극을 일정한 강도로 내보낼 수 있는 자극 통제 시스템
3. 동물의 움직임을 측정할 수 있는 장비, 측정된 자료를 디지털화시킬 수 있는 프로그램
4. 개별 장비를 넣을 isolation chamber : 작은 환풍기를 달아 환기가 잘 되도록 해야 하며 적정 수준의 배경잡음을 제공할 수 있어야 함.
5. 소리를 제공할 수 있는 기기와 스피커

실험 절차

1. 각 검사를 위해 먼저 동물을 5분 동안 플라스틱 구금상자에 넣어 실험 상황에 적응시킨다. 이때 백색잡음(70dB)을 배경에 넣어준다.
2. 자극에 과도하게 반응할 수 있으므로 3회의 120dB, 40ms의 startle stimulus(SS)를 제시하여 동물을 적응시킨다. 이 자극에 대한 반응은 분석에 포함시키지 않으나, SS에 대한 기저선 반응으로 분석할 수 있다.
3. 60번의 시행을 실시한다. 각각의 시행은 120dB 소리만 임의로 나오는 상황, prepulse(PP ; 85dB)만 제시되는 상황, 아무런 자극도 나오지 않는 상황, PP 제시 후 20ms 지연되게 SS가 나오는 상황으로 이루어진다. 모든 자극 간 간격은 평균적으로 15s이다.
4. 각각의 소리에 대해 동물의 놀람 반응을 측정한다. SS만 제시된 상황과 PP와 SS가 연이어 나오는 상황 간의 반응 비율을 비교하여 자료를 분석한다.
5. % PPI = { 1 - (PP+SS)/SS } × 100

주의사항

1. 동물을 구금상자에 넣고 미리 적응시키는 절차가 필요하다. 예를 들어 실험 3일 전부터 매일 20분(실험 시간과 동일한 시간) 동안 동물을 구금상자에 적응시킬 수 있다.
2. 배경자극으로는 백색잡음(70~75dB)을 제시하며, 실험에 사용되는 소리 이외에 다른 소리가 들리지 않도록 하여 동물이 갑작스런 외부 잡음에 오반응을 하지 않도록 한다.
3. 동물의 반응이 동물 크기에 좌우되므로 rat이 피험동물일 때보다 mouse가 피험동물일 때 더 민감한 장비가 필요하다.

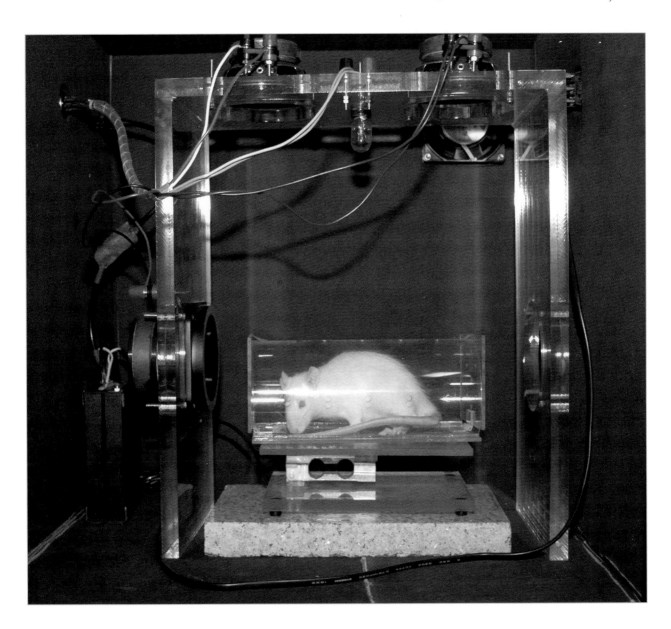

Fig 6. Prepulse inhibition test

동물을 가볍게 구금한 상태에서 다양한 크기의 소리를 들려준다. 청각자극에 대한 동물의 놀람 반응을 측정하여 주의 (attention)를 검사한다.

인지기능 검사 3

검사명	Conditioned avoidance test - Shuttle box
실험 목적	본 검사는 조건화된 회피학습에서 차폐(blocking) 절차를 통해 선택적 주의를 측정하는 검사이다.

실험 장비

1. 가운데에 통로가 있는 칸막이를 설치하여 두 개의 공간으로 나눈 상자를 준비한다. 상자의 크기는 실험실마다 다소 차이가 있지만 rat의 경우 63cm×28cm×26cm이고, mouse의 경우 45cm×24.5cm×19cm이다.
2. 상자의 밑바닥에는 그리드(grid)를 설치하되, 두 개의 공간에 개별적으로 전류를 흘릴 수 있도록 구성한다.
3. 실험자가 제어할 수 있는 전기쇼크 장치를 연결한다.
4. 조건자극을 제시할 수 있는 장비를 설치한다. 예를 들어 소리자극일 경우 스피커를 설치한다.

실험 절차

1. 조건 회피학습을 진행하기 전에 실험실에서 동물을 30분간 적응시킨다.
2. 동물을 상자에 넣은 후 적어도 5분간 자유롭게 탐색할 수 있도록 한다.
3. 소리자극(80dB)을 5초간 들려주고, 동물이 있는 공간의 그리드에 전기를 흘려주어 자극과 쇼크를 연합시킨다. 동물이 다른 쪽 칸으로 넘어갈 때까지 전기쇼크를 준다.
4. 충분한 학습시행으로 조건화된 회피반응이 확립되면 새로운 자극(불빛자극)을 소리자극과 동시에 제시한 후 전기쇼크를 가하는 학습단계를 진행한다.
5. 학습이 완료되면 불빛이나 소리만을 단독으로 제시하는 동안에 조건 회피학습을 보이는지 여부를 측정한다. 이때 소리자극과 전기쇼크 간에 이미 연합이 형성되어 있기 때문에, 소리자극은 불빛자극이 새로운 조건자극(CS)이 되는 것을 방해하는 차폐(blocking) 현상을 유발한다. 만약 선택적 주의가 결여된 동물이라면, 차폐가 일어나지 않게 된다.
6. 평균 회피반응의 횟수(number of avoidance responses)를 측정치로 삼는다.

주의사항

전기쇼크를 10초 이상 주어도 다른 칸으로 넘어가지 않으면, 동물이 움직일 수 있도록 실험자가 손으로 유도하여 회피반응을 학습하도록 한다. 그러나 최대한 동물의 자발적 움직임에 의한 회피반응이 일어나도록 한다.

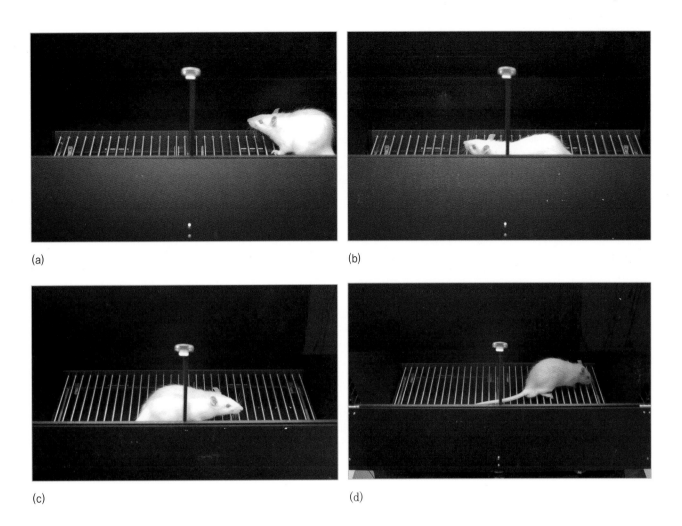

(a)

(b)

(c)

(d)

Fig 7. Shuttle box test

출입구가 있는 칸막이를 설치하여 두 개의 공간으로 나뉘어진 상자에서 실시한다. 한쪽 공간에 동물을 넣어놓고(a), 소리자극 (80dB)을 5초간 제시한 후, 동물이 있는 공간의 바닥에 전기를 흘려주어 두 자극을 연합시킨다. 동물이 다른 쪽 칸으로 넘어 갈 때까지 전기쇼크를 제시한다(b). 시행 간 간격(ITI) 후 동일한 절차를 반복한다(c, d).

검사명	Water maze test Ⅱ (Delayed-matching-to-place version)
실험 목적	Morris water maze를 이용한 검사 중 delayed-matching-to-place(DMP) version은 공간기억을 측정하는 Morris water maze를 변형시켜 ADHD 동물모델의 특성에 적합하도록 하였다. ADHD 동물은 부주의로 인하여 단기기억의 결함을 보인다. DMP 과제는 공간 단기기억을 측정하고자 할 때 사용되는 방법이다.

실험 장비

실험 장비는 실험실마다 다를 수 있으며, 상용화된 장비들도 다양하나 대개 다음과 같은 장비가 필요하다.

1. 원형으로 된 swimming pool(rat의 경우 지름 150~180cm, 높이 50cm ; mouse의 경우 사용 가능한 pool의 지름이 85~180cm 까지 다양)
2. swimming pool에 넣을 깊이 25cm, 25±1℃의 물
3. 탈지분유(물을 불투명하게 하여 도피대가 보이는 것을 방지)
4. 지름 10cm, 높이 23~24cm의 나무나 아크릴로 만들어진 도피대
5. 비디오 카메라(pool의 가운데 위에 설치되어 동물의 움직임을 기록)
6. 공간 단서(동물이 도피대 위치를 배우게 하기 위한 단서)

실험 절차

1. 동물을 실험실에서 30분간 적응시킨다.
2. 물 속에서 60초간 자유수영 할 수 있도록 한다.
3. 본 실험에 들어가 도피대가 놓인 사분면을 제외한 3곳 중 2곳에서 임의의 순서로 동물을 출발시켜 60초간 도피대를 찾도록 한다.
4. 도피대를 찾으면 그로부터 10초간 그 위에 머무르게 하고, 45초 안에 도피대를 찾지 못하면 실험자가 손으로 동물을 도피대까지 유도하여 10초간 머물도록 한다.
5. 이후 60초의 시행 간 간격을 두고 두 번째 시행을 실시하여 한 회기를 완료한다. 즉 한 회기에서 첫 번째 시행은 탐색을, 두 번째 시행은 회상을 의미한다.
6. 한 회기가 끝나면 도피대의 위치를 변경하여 다른 사분면에 놓고 실험을 진행한다.
7. 도피대를 찾는 데 걸린 시간과 path length를 분석한다.

주의사항

실험 하루 전에 동물들을 수조에 넣고 자유수영 하도록 적응시킨다. 이때 동물의 수영상태를 주의 깊게 관찰하고, 수영을 잘 하는지 여부를 점검한다.

정서기능 검사 1

검사명	Elevated plus maze test (EPM)
실험 목적	본 검사는 동물의 새로운 환경을 탐색하고자 하는 경향과 개방되고 높은 공간에 대해 혐오적 반응을 보이는 경향의 자연적인 갈등 속에서 동물의 정서를 반영하는 행동을 측정할 수 있다. ADHD 모델에서는 동물의 hypertension을 측정하기에 적합하다.

실험 장비

정서반응을 측정하는 실험 장비와 시간은 실험실마다 다를 수 있으며, 상용화된 장비들도 다양하나 대개 다음과 같은 장비가 필요하다.

1. 60W 전구
2. 십자모양의 아크릴 소재로 만든 미로
   중앙에 7.5cm×7.5cm의 사각의 플랫폼이 있고, 그 플랫폼을 둘러싸고 길이 40cm, 폭 8cm의 네 개의 통로가 십자모양으로 붙어있음. 서로 마주하고 있는 두 개의 통로는 28.5cm 높이의 벽으로 막힌 폐쇄형 공간이고, 나머지 마주하는 두 개의 통로는 동물이 떨어지지 않도록 1cm 높이의 턱이 있는 개방된 공간으로 구성. 바닥에서 50cm 높이에 설치.

실험 절차

1. 동물을 중앙의 플랫폼에서 개방형 통로 쪽을 향하게 하여 놓는다.
2. 개방형 통로와 폐쇄형 통로에 각각 출입한 횟수와 머문 시간을 기록한다.
3. 총 8~10분 동안 실시한다.

주의사항

1. 검사를 시작할 때 동물을 중앙의 플랫폼에서 개방형 통로 쪽을 향해 놓는 것에 주의한다.
2. 한 동물의 검사가 끝난 후에는 다음 동물의 검사를 위해 에탄올(70%)로 장비를 닦는다.
3. 폐쇄형 통로에서 동물이 나오지 않을 수 있으므로 실험실 내외부의 소음과 조명에 유의하여야 한다.

기타 기능 검사 1

검사명	Social interaction test
실험 목적	본 검사를 이용하여 일반활동성 및 동물 간에 보이는 공격행동과 불안수준을 측정할 수 있다. ADHD 모델에서는 과잉행동과 충동행동을 검사하기에 적절하다.

실험 장비

1. 동물들이 자유롭게 돌아다닐 수 있을 만한 크기의 사각형 상자(rat의 경우 77cm×77cm×25cm, mouse의 경우 52cm×52cm×25cm)
2. 동물의 행동을 관찰하기 위한 비디오 장치나 tracking 시스템
3. 실험 상자를 비추는 데 사용할 붉은 빛의 전등

실험 절차

1. 동물을 실험실에서 30분간 적응시킨다.
2. 두 마리의 동물을 실험 상자의 양 끝에 두고 20분간 행동을 관찰한다.
3. 두 동물이 보이는 행동 중 냄새맡기, 따라다니기, 기어다니기, 수동적 접촉 등은 비공격적인 행동으로, 물기, 뛰기, 차기, 피하기/쫓기, 싸우기 등은 공격적 행동으로 분류하여 그 빈도를 측정한다.

주의사항

실험 전 동물의 행동을 비공격적 행동 또는 공격적 행동으로 분류하여 관찰자들 사이에 조작적 정의를 내리는 것이 중요하다. 행동을 관찰하는 실험자 간에 조작적 정의의 기준이 다를 경우 부정확한 측정결과가 산출된다.

기타 기능 검사 2

검사명	Sexual behavior test
실험 목적	ADHD 환자들의 성욕감소 경향을 동물모델에서 측정하기 위해서 실시한다.

실험 장비

1. 투명한 플라스틱 상자(29cm×47cm×42cm)를 준비한다.
2. 동물의 행동을 관찰하기 위한 비디오 장치를 갖춘다.
3. 실험 상자를 비추는 데 사용할 붉은 빛의 전등

실험 절차

1. 실험 1주일 전에 ovariectomy 시킨 암컷을 준비한다.
2. 붉은 전등을 켠 조용한 실험실에서 수컷 쥐를 상자에 넣어 30분간 적응시킨다.
3. 사전에 호르몬 주사(53시간 전 에스트로겐 $100\mu g$, 5시간 전 프로게스테론 $500\mu g$ 주입)를 통해 성행동 실험을 할 수 있도록 준비된 암컷 쥐를 상자에 넣는다.
4. 비디오 카메라를 통해 10분간 두 쥐의 행동을 관찰한다.
5. 최초 삽입까지 걸린 시간, 사정 횟수를 측정한다.

주의사항

동물들은 낯선 환경이나 소음이 많이 나는 환경에서 성행동을 좀처럼 보이지 않기 때문에 실험실 적응을 충분히 시켜 주어야 하고, 실험실 환경을 조용하게 유지한다.

3. 요약

주의력결핍 및 과잉행동장애(attention deficit hyperactivity disorder : ADHD)는 주로 아동기에 관찰되며, 과잉행동, 부주의와 충동적인 행동 특징을 보인다. ADHD 동물모델로 유전자 변형 모델(spontaneously hypertensive rat : SHR, Naples high-excitability rat, transporter knockout mouse 등)과 뇌 손상 모델(neonatal hypoxia in rats, exposure of animals to environmental toxins 등)이 주로 이용되고 있다. 이러한 동물모델을 대상으로 ADHD와 관련된 신경생물학적 기전이나 처치약물 등을 연구하는 실험을 하기 위해서는 여러 가지 행동검사들이 필요하다. ADHD의 행동 특징 중 과잉행동을 검사하기 위한 방법으로 open field test, Làt-maze test, voluntary running distance test 등의 활동수준 검사를 사용하고, 인지기능 검사는 five-choice serial reaction time task, prepulse inhibition test, conditioned avoidance test, delayed-matching-to-place(DMP) version of Morris water maze test 등을 사용한다. 고긴장 동물 (hypertensive rat)의 정서성 검사를 위해서는 elevated plus maze test를 사용하며, 그 밖에 social interaction test와 sexual behavior test 등도 사용된다.

4. 더 읽을거리

Buuse, M. v. d. (2004). Prepulse inhibition of acoustic startle in spontaneously hypertensive rats. *Behav Brain Res, 154,* 331-337.

Chudasama, Y., Baunez, C., & Robbins, T. W. (2003). Functional disconnection of the medial prefrontal cortex and subthalamic nucleus in attentional performance : evidence for corticosubthalamic interaction. *J Neurosci, 23,* 5477-5485.

Davids, E., Zhang, K., Zhang, F. I., & Baldessarini, R. J., (2003). Animal models of attention-deficit hyperactivity disorder. *Brain Res, 42,* 1-21.

Grammatikopoulos, G., Pignatelli, M., D'Amico, F., Fiorillo, C., Fresiello, A., & Sadile, A. G. (2002). Selective inhibition of neuronal nitric oxide synthesis reduces hyperactivity and increases non-selective attention in the Naples high-excitability rat. *Behav Brain Res, 130,* 127-132.

Kohlert, J. G., & Bloch, G. J. (1993). A rat model for attention deficit-hyperactivity disorder. *Physiol Behav, 53,* 1215-1218.

Tarr, B. A., Kellaway, L. A., Gibson, s. C., & Russell, V. A. (2004). Voluntray running distance is negatively correlated with striatal dopamine release in untrained rats. *Behav Brain Res, 154,* 493-499.

03

알츠하이머형 치매

1. 도입

여러 치매 질환 중 가장 흔한 질환은 '알츠하이머형 치매'로 전체 치매의 50% 정도를 차지하며 대표적인 퇴행성 뇌질환이다. 발병 연령은 60세 이상 70세 전후에 발병하는 경우가 많고, 남자보다 여자에서 약간 많이 발생하며, 기억, 지남력, 사고 및 판단력의 장애와 인격변화, 정서 장애, 대뇌 국소증상 등을 보인다. 2~5년에 걸쳐 만성으로 진행하는데, 초기에는 건망증 및 경도의 치매증상, 감정, 의욕 장애 등을 보이며, 점차 심해지면 실인, 실행, 실어증 등의 증상이 나타나고, 말기에는 심한 인격붕괴 상태에까지 이른다. 하지만 아직까지 완벽하게 질환을 치료할 수 있는 약물은 없는 상태이다. 여러 영역의 인지기능 장애를 보이는 환자의 증상들과 그 환자의 대뇌피질에서 발견되는 특징적인 신경병리 소견을 통해 독일의 정신의학자 Alois Alzheimer가 1906년 처음 보고하였다.

뇌영상 자료에서는 정상적인 노화에서보다 심한 피질구 확장과 뇌실의 확대가 관찰되며, 병리적인 특징으로는 기저전뇌 영역의 콜린성 뉴런의 손상과 편도체, 해마, 대뇌피질에 노인성반이 나타난다. 또한 ApoE는 취약성 유전자로 3개의 allele ε2, ε3, ε4로 구성되어 있는데, 유전자 자체가 알츠하이머형 치매로 발현되는 것을 의미하지는 않지만, ε4를 2개 가지고 있을 경우 발병할 확률이 93%가 된다.

알츠하이머형 치매에 대한 동물모델은 1)노화 동물모델 2)기저전뇌 손상모델 3)약물학적 모델로 구분할 수 있다. 유전자 변형 동물이 광범위하게 개발되기 이전에는 노화 동물모델을 비롯하여 beta-amyloid를 뇌실에 주입하는 모델, 기저전뇌의 콜린성 뉴런을 손상시키는 모델들이 사용되어 왔다. 최근에는 관련 유전자들이 밝혀짐에 따라 인간염색체 21, 19, 14, 1번에 위치한 gene들의 mutant 동물모델들이 많이 개발되고 있으며, 국내의 뇌질환 동물센터에서 제공되고 있는 유전자 변형동물은 다음과 같다. Amyloid beta precursor protein (APP, Abeta ; Adap ; Cvap ; betaAPP ; protease n II), Amyloid betaprecursor-likeprotein2(Aplp), Presenilin1 (Psen1, Ad3h, PS-1, PS1, S182, presenilin-1), p62 (A170, OSF-6, osi, p62, STAP, Sqstm1, sequestosome1), APP(amyloid precursor protein gene), ApoE (apolipoprotein E) 등이 있다.

알츠하이머형 치매는 초기에 나타나는 기억력 감퇴를 정상적인 노화에서 나타나는 것과 구분해내는 것이 진단 및 치료에서 중요한 점이다. 동물연구의 경우, 기억의 다양한 요소를 실험자의 조작에 의해서 검증해 볼 수 있으며, 개발된 치료제들의 효능이 인지기능 및 정서기능에 어떤 영향을 미치는지를 관찰할 수 있다. 하지만 알츠하이머형 치매는 기억력 감퇴뿐만 아니라 실어증, 실행증, 실인증 등 인지기능의 손상과 우울증, 수면장애 등 다양한 증상을 수반한다. 이에 비해 특정 유전자 모델이나, 뇌손상 모델의 경우 환자에서 관찰되는 현상을 모두 모사할 수 있을 만큼 일관된 특성들을 보여주는 모델은 매우 드물다. 또한 대부분의 동물연구들이 주로 인지기능 관련 특성들을 중심으로 연구되고 있는 실정이다. 실제 알츠하이머형 치매 발병의 원인은 다양한 가설들이 제시되고 있는 있지만, 현재 사용되고 있는 동물모델들은 전반적인 병리적 특성이나 약물의 효능보다는 특정 유전자 변형이나 특정 뇌영역 손상에 의한 행동적 변화만을 언급할 수 있다는 것이 제한점이라고 할 수 있다.

2. 행동검사

1. 운동기능 검사

    ① Grip strength test

    ② Vertical pole test

    ③ Rotarod test

    ④ Open field test

2. 정서기능 검사

    ① Elevated plus maze test (EPM)

3. 인지기능 검사

    ① Object-recognition test

    ② Water maze test I (hidden platform version of Morris water maze task)

    ③ T maze test I (delayed alternation vesion)

    ④ Radial arm maze test

    ⑤ Fear conditioning test

운동기능 검사 1

검사명	Grip strength test
실험 목적	동물의 악력을 측정하는 검사이며, 간단한 장비를 가지고 실시할 수 있는 이점이 있다. 알츠하이머 동물모델의 기본적인 운동기능을 검사하는 데 사용된다.

실험 장비

1. 철망
2. 동물이 떨어질 때 다치지 않도록 하기 위한 안전장치(깔짚이나 스펀지)

실험 절차

1. 동물을 철망에 매달리도록 한다(그림 참조).
2. cut-off 30초 내에서 동물이 바닥에 떨어지는 데까지 걸리는 시간을 기록한다.
3. 3시행을 실시한 후 평균을 내어 측정치로 사용한다.

주의사항

동물의 발톱이 상하지 않도록 주의한다.

Fig 8. Grip strength test

동물을 철망에 매달리도록 하여 동물이 바닥에 떨어지는 데까지 걸리는 시간을 기록한다.

운동기능 검사 2

검사명	**Vertical pole test**
실험 목적	운동 협응과 균형을 측정하기 위해서 시행되는 검사이며, 최소한의 장비로 간단히 시행할 수 있는 장점을 가지고 있다.

실험 장비

1. 지름 2cm, 길이 40cm의 긴 막대(헝겊 테이프를 감는다)
2. 초시계

실험 절차

1. 막대기가 수평으로 놓여진 상태에서 막대 중심부에 동물을 올려놓는다.
2. 막대를 점점 수직으로 들어 올린다.
3. 막대기에서 동물이 떨어질 때까지의 각도 및 소요시간을 측정한다.

주의사항

1. 운동 협응이나 균형에 문제가 있는 동물의 경우는 45° 이전에 떨어지게 된다.
2. 동물이 떨어지면서 다치지 않도록 주의한다.

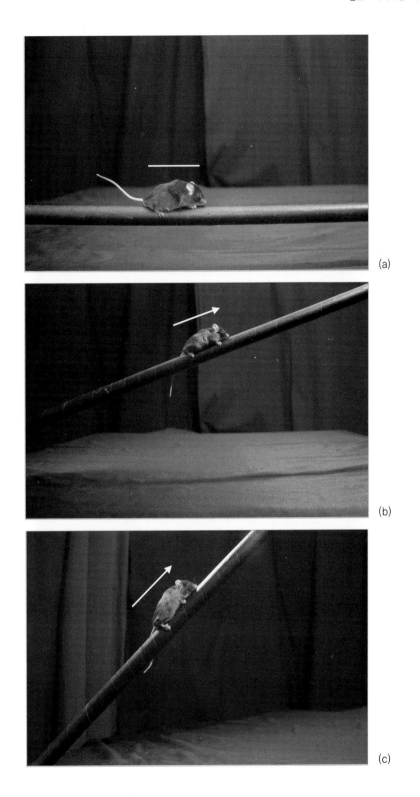

(a)

(b)

(c)

Fig 9. Vertical pole test

막대를 수평으로 놓은 상태에서 막대 중심부에 동물을 올려놓고(a), 막대를 천천히 수직으로 들어 올린다(b, c). 막대에서 동물이 떨어질 때까지의 각도 및 소요시간을 측정한다.

운동기능 검사 3

검사명	Rotarod test
실험 목적	본 검사는 동물을 회전하는 원통 위에서 강제로 걷게 하여, 동물(특히 rat, mouse)의 운동 협응기능과 균형감각을 평가한다. 회전원통의 속도조절 방법에 따라 constant speed model과 acceleration speed model로 구분되며, 회기를 반복하여 운동기능뿐만 아니라 운동학습능력도 측정할 수 있다.

실험 장비

1. rotarod 장비는 기본적으로 긴 회전원통(drum)을 칸막이(panel)로 나누어 몇 개의 독립적인 레인(lane)으로 구성한 형태이다. 회전원통의 직경은 장비와 실험동물에 따라서 30~100mm로 다양하다. 회전원통의 너비 (즉 레인의 너비)는 실험동물이 보행하기에 적절한 공간이 되도록 칸막이를 세우며 장비에 따라 대략 60~ 140mm로 다양하다.

2. 회전원통의 회전속도를 조절할 수 있는 제어장치가 있으며, 각각의 레인에는 동물이 떨어지는 시간(fall-off time)을 기록할 수 있는 개별 초시계가 설치되어 있다.

실험 절차

1. 동물을 회전원통에 올려놓고 처음에는 4rpm 정도의 속도로 천천히 적응시킨다.

2. constant speed model 혹은 acceleration speed model을 적용한다.

   ① constant speed test - 1~100rpm 사이에서 일정 속도를 선택, 동일한 속도로 원통을 회전시켜 동물의 움직임을 검사한다.

   ② acceleration speed test - 일정 검사시간 동안 원통의 회전속도를 서서히 증가시켜 동물의 움직임을 검사한다. 본 검사를 며칠(4~5일)동안 반복하여 수행 성적이 향상되는 양상을 측정하면 운동학습능력을 검사할 수 있다.

3. 동물이 회전원통 위에서 떨어지는 시간(fall-off time) 혹은 일정 횟수만큼 떨어질 때까지 걸리는 시간을 측정하여 통제집단과 비교하거나 학습양상을 살펴본다.

주의사항

1. 본 검사는 기본적으로 동물이 높은 곳에서 떨어지지 않으려 하는 동기를 이용하여 회전하는 원통 위를 강제로 걷도록 하는 것이다. 그러므로 검사를 시행하기 위해서는 우선 동물의 깊이 지각 능력을 확인해야 한다.

2. 회전원통의 높이가 동물에게 지나치게 높으면 불안수준 증가로 인해 수행에 영향을 주고, 반대로 높이가 지나치게 낮으면 오히려 원통 위에서 뛰어내리는 것을 학습할 수 있으므로 높이 설정에 주의해야 한다.

3. 이전 동물의 냄새가 수행에 영향을 줄 수 있으므로 한 번의 검사가 끝날 때마다 에탄올(70%)로 장비를 닦아 낸다.

Fig 10. Rotarod test

동물을 회전하는 원통 위에 올려놓고 바닥으로 떨어질 때까지의 시간을 측정한다. 동물은 떨어지지 않기 위해서 몸의 균형을 잡고 원통 위에서 계속 보행하여야 한다. 본 검사를 통해 동물의 운동 협응기능과 균형감각을 평가할 수 있다.

운동기능 검사 4

검사명	Open field test
실험 목적	본 검사는 동물의 일반적인 보행활동수준을 알아보기 위한 검사이다. 어떤 처치 후 동물의 행동 변화를 살펴보기 위해서는 동물의 기본적인 활동수준을 검사해야 할 필요가 있다.

실험 장비

전형적인 open field 검사는 동물이 움직이기 충분한 사각형 모양의 개방된 상자(rat의 경우 77cm×77cm×25cm, mouse의 경우 40cm×40cm×27cm의 나무 혹은 아크릴 상자)에서 이루어진다.

1. 개방장 전체를 주변부와 중심부로 구분
2. 비디오 모니터와 컴퓨터 트랙킹 : 중심부와 주변부 움직임 측정

실험 절차

1. 검사하기 30분 전에 동물을 행동 검사실에 미리 적응시킨다.
2. 동물을 출발상자에서 60초간 적응시킨 후 출발상자의 문을 열어 출발시킨다.
3. 상자에서의 행동은 보통 10~20분 동안 미리 정해둔 시간만큼 기록하며, 측정치들은 다음과 같다.
   ① 출발 잠재기(start latency, 제한시간 60초)
   ② 중심부에서의 활동(컴퓨터 트랙킹 혹은 관찰자가 측정)
   ③ 주변부에서의 활동(컴퓨터 트랙킹 혹은 관찰자가 측정)
   ④ 앞발 들기(rearing)
   ⑤ 몸치장(grooming)
   ⑥ 대변, 소변

주의사항

이전 실험동물의 대소변이 이후 실험동물에게 후각 단서로 작용하여 행동에 영향을 주는 것을 막기 위해 검사 후 상자를 에탄올(70%)로 잘 닦아주어야 한다.

정서기능 검사 1

검사명	Elevated plus maze test (EPM)
실험 목적	본 검사는 동물이 새로운 환경을 탐색하고자 하는 경향과 개방되고 높은 공간에 대해 혐오적 반응을 보이는 경향의 자연적인 갈등 속에서 동물의 정서를 반영하는 행동을 측정할 수 있다.

실험 장비

정서반응을 측정하는 실험 장비와 시간은 실험실마다 다를 수 있으며, 상용화된 장비들도 다양하나 대개 다음과 같은 장비가 필요하다.

1. 60W 전구
2. 십자모양의 아크릴 소재로 만든 미로

중앙에 7.5cm×7.5cm의 사각의 플랫폼이 있고, 그 플랫폼을 둘러싸고 길이 40cm, 폭 8cm의 네 개의 통로가 십자모양으로 붙어있음. 서로 마주하고 있는 두 개의 통로는 28.5cm 높이의 벽으로 막힌 폐쇄형 공간이고, 나머지 마주하는 두 개의 통로는 동물이 떨어지지 않도록 1cm 높이의 턱이 있는 개방된 공간으로 구성. 바닥에서 50cm 높이에 설치.

실험 절차

1. 동물을 중앙의 플랫폼에서 개방형 통로 쪽을 향하게 하여 놓는다.
2. 개방형 통로와 폐쇄형 통로에 각각 출입한 횟수와 머문 시간을 기록한다.
3. 총 10분 동안 실시한다.

주의사항

1. 검사를 시작할 때 동물을 중앙의 플랫폼에서 개방형 통로 쪽을 향해 놓는 것에 주의한다.
2. 한 동물의 검사가 끝난 후에는 다음 동물의 검사를 위해 에탄올(70%)로 장비를 닦는다.
3. 폐쇄형 통로에서 동물이 나오지 않을 수 있으므로 실험실 내외부의 소음과 조명에 유의하여야 한다.

인지기능 검사 1

검사명	Object-recognition test
실험 목적	본 검사는 설치류의 기본적인 특성 중 새로운 물건에 대한 탐색과 호기심이 많은 특성을 이용하여 동물의 기억기능을 측정하고자 할 때 사용된다.

실험 장비

1. open field test에서 사용하였던 넓은 상자
2. 동물보다 더 크지는 않으면서 동물이 움직일 수 없는 물체 2set(1set = 2개)
3. 초시계

실험 절차

1. 동물을 행동 관찰실로 옮겨와 30분간 적응시킨다.
2. 10분의 노출시행에서는 상자에 동일한 물체 2개(1set)를 30cm 간격으로 놓은 후, 동물이 10분 동안 물체를 탐색하는 시간을 측정한다.
3. 탐색하는 시간은 물체를 향하여 반경 1.5cm 이내에 머무는 동안으로 정의한다.
4. 10분이 지나면 동물을 사육상자로 돌려보낸다.
5. 1시간 후 인출시행에서는 동일한 상자에 인출시행시 제시했던 물체 1개와 새롭게 대치된 물체 1개를 준비해 놓고, 동물이 탐색하는 시간을 측정한다.
6. 기억지수는 다음과 같이 산출한다.

기억지수(memory index) = (새로운 물체 탐색시간 / 전체 사물 탐색시간) × 100

주의사항

1. 검사 상자와 물체를 다음 동물이 사용하기 전에 에탄올(70%) 등으로 깨끗이 닦아서 다음 동물에게 영향이 가지 않도록 한다.
2. 새로운 물체를 제시하는 방향(좌, 우)을 교대로 바꾸어 주어 동물이 특별히 선호하는 방향에 대한 편파가 나타나지 않도록 한다.

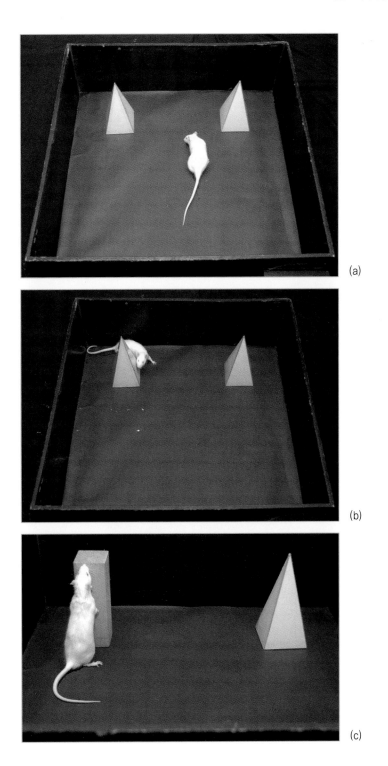

Fig 11. Object-recognition test

상자에 동일한 물체 2개(1set)를 30cm 간격으로 놓은 후, 동물이 10분 동안 물체를 탐색하는 시간을 측정한다(a, b). 일정 시간(delay)이 지난 후, 이전 시행에서 제시했던 물체 1개와 새롭게 대치된 물체 1개를 놓고, 동물이 탐색하는 시간을 측정한다(c).

인지기능 검사 2

검사명	Water maze test Ⅰ(hidden platform version of Morris water maze task)
실험 목적	본 검사는 학습과 기억을 평가할 수 있는 검사로 가장 많이 사용된다. 가장 일관적인 연구결과는 해마 손상 동물이 본 검사에서 수행 능력에 결함을 보인다는 것이다.

실험 장비

실험 장비는 실험실마다 다를 수 있으며, 상용화된 장비들도 다양하나 대개 다음과 같은 장비가 필요하다.

1. 원형으로 된 swimming pool(rat의 경우 지름 150~180cm, 높이 50cm ; mouse의 경우 사용 가능한 pool의 지름이 85~180cm 까지 다양)
2. swimming pool에 넣을 깊이 25cm, 25±1℃의 물
3. 탈지분유(물을 불투명하게 하여 도피대가 보이는 것을 방지)
4. 지름 10cm, 높이 23~24cm의 나무나 아크릴로 만들어진 도피대
5. 비디오 카메라(pool의 가운데 위에 설치되어 동물의 움직임을 기록)
6. 공간 단서(동물이 도피대 위치를 배우게 하기 위한 단서)

실험 절차

1. 훈련 시작 하루 전에 도피대가 없는 swimming pool에서 60초 동안 자유롭게 수영하게 하여 수영하는 상황에 적응시킨다.
2. 훈련이 시작되면 동물을 4사분면 중 한쪽 벽면에 배가 닿도록 하여 동물을 물 안으로 놓아준다.
3. 5일 동안 하루에 3~6trial 씩 물에 잠겨 있는 도피대의 위치를 찾아 올라가도록 훈련시킨다. 각 시행마다 임의의 사분면에서 출발하도록 한다.
4. 동물이 도피대를 찾아 올라갈 때까지의 잠재기(도피잠재기)를 측정하고, 만약 60초 내에 도피대의 위치를 찾아내지 못했다면 동물이 수영하도록 하면서 실험자가 도피대로 인도해 준다.
5. 동물이 도피대에 일단 올라가면 도피대 위에서 30초간 머무르도록 한다.
6. 훈련이 끝난 회기 24시간 후에 probe trial을 시행한다. 도피대 없이 60초 동안 자유 수영을 하게 하여 이전 도피대의 위치에 대한 기억을 보유하고 있는지에 대한 검사를 실시한다.

주의사항

1. 도피대는 수면에서 1~2cm 아래에 두며, 수면 위에서 보이지 않도록 한다.
2. 관찰자의 위치도 공간 단서가 될 수 있으므로 항상 동일한 위치에서 실험을 진행하도록 한다.

인지기능 검사 3

검사명	T maze test I (delayed alternation vesion)
실험 목적	본 검사는 실험동물의 작업기억(working memory)능력을 검사하는 과제이다.

실험 장비

1. T자 모양의 미로 - 총 세 개의 통로(왼쪽, 오른쪽, 중앙부)가 있으며 각 통로 입구는 실험자가 동물의 출입을 통제할 수 있도록 칸막이가 설치되어 있다. 미로의 각 통로 크기는 다양하지만 대개 rat의 경우 40cm×20cm×19cm이고, mouse의 경우 35cm×7cm×14cm이다.
2. 초시계
3. 먹이(food pellet)

실험 절차

delayed alternation

1. 동물 몸무게의 80%를 유지하도록 제한 급식을 실시한다.
2. 훈련 3일 전부터 동물을 하루에 적어도 5분씩 미로에 적응시킨다.
3. 첫 시행에서는 출발상자에 1분간 적응시킨다.
4. 첫 시행은 '강제 선택 시행'이다. 즉 실험자가 칸막이로 한쪽 통로를 막아놓고 반대편 통로에 동물이 들어가면 칸막이로 후방을 막는다. 이 때 동물의 사지가 통로 입구를 통과하면 동물이 들어간 것으로 간주한다. 60초간 동물이 해당 통로에서 먹이를 먹도록 둔다.
5. 다음 시행부터는 '자유 선택 시행'으로 동물이 출발상자에서 출발하여 자유롭게 통로의 방향(왼쪽 혹은 오른쪽)을 선택하도록 한다.
6. 동물은 바로 이전의 시행에서 들어갔던 통로와 반대편 통로로 들어갔을 경우에만 먹이 보상을 받는다.
7. 시행 간 간격은 30초에서 5분 사이로 지연 시간(delay)을 두고 구성되며, 매 시행의 제한시간(cut-off time)은 60초로 한다.
8. 동물이 강화가 주어지는 통로에 정확하게 들어간 횟수와 통로까지 들어가는 데 걸린 시간을 측정한다.
9. 시행 및 회기 수는 실험에 따라 다르나, 예를 들면 하루에 10시행씩 9일 동안 동일한 절차를 수행하여 학습 곡선 양상을 살펴볼 수 있다.

주의사항

1. 제한 급식은 동물의 먹이에 대한 동기수준을 높이기 위한 것이므로, 몸무게를 매일 측정하여 지나친 감량이 되지 않도록 주의한다.
2. 첫 시행에 충분히 먹이를 공급하면 다음 시행에서 동기수준이 낮아지므로, 강화시행에서는 소량의 먹이만 공급한다.
3. 시행 사이에는 각 통로에 후각 단서가 남지 않도록 먹이 부스러기 등을 깨끗이 제거한다.

인지기능 검사 4

검사명	Radial arm maze test
실험 목적	본 검사는 장소기억과 작업기억을 측정하는 과제이다.

실험 장비

실험 장비는 실험실마다 다를 수 있으며, 상용화된 장비들도 다양하나 대개 다음과 같은 장비가 필요하다.

1. 방사형 미로 – rat의 경우 70cm×10cm, mouse의 경우 28cm×5cm의 8개 통로로 구성되며, 중앙부 플랫폼의 직경은 30~60cm로 다양하다. 통로의 높이는 동물이 통로 밖으로 나오지 못하도록 충분히 높거나 개폐 가능한 투명한 뚜껑을 씌울 수도 있다. 각 통로 입구에는 개폐 가능한 칸막이가 설치되어 있다.
2. 초시계
3. 공간 단서

실험 절차

1. 핸들링(handling)
   ① 2~3일 동안 매일 5분씩 핸들링을 한다. 보상에 대한 동기수준을 높이기 위해 먹이 박탈을 시작한다.
2. 적응(adaptation)
   ① 통로에 먹이를 흩뜨려 놓고 8개 통로 입구를 모두 열어놓은 채로 10분 동안 동물을 미로에 놓아둔다.
   ② 다음날부터 점점 더 통로 끝 쪽에 가깝게 먹이를 놓아둔다. 넷째 날에는 통로 끝에 놓인 보상용기(reward cup)에서만 먹이를 먹을 수 있게 한다.
3. 학습 훈련(training)
   ① 실험실에서 동물을 10분간 적응시킨다.
   ② 8개의 통로 끝에 놓인 보상 상자에 소량의 먹이를 공급하고 통로 입구를 모두 닫는다.
   ③ 동물을 미로의 중앙부에 넣고 60초간 적응시킨 후, 각 통로 입구를 동시에 개방하여 5분간 동물이 자유롭게 미로 안을 탐색하도록 한다.
   ④ 동물이 5분 동안 각 통로에 모두 들어가 8번의 보상을 받도록 학습시킨다.
   ⑤ 동물은 새로운 통로에 들어갈 경우 통로 끝에 있는 보상용기의 먹이를 먹을 수 있지만, 동일한 통로에 반복하여 들어갈 경우에는 보상(먹이)이 제공되지 않는다. 이 경우를 오류반응(error)으로 기록하여 선택 정확성 척도(choice accuracy measure)로 삼는다. 이 경우 오류반응은 작업기억 오류(working memory error)이다.
   ⑥ 2일간 연속적으로 1개 이하의 오류를 범하는 수준에 도달하면 학습이 완료된 것으로 간주한다. 이 학습 준거에 도달할 때까지 소요된 학습 일수를 학습 성적으로 삼는다.

주의사항

1. 먹이 박탈은 동물의 동기수준을 높이기 위한 것이므로, 지나친 감량이 되지 않도록 매일 동물의 몸무게 변화를 관찰한다.
2. 각 시행에서 공급하는 먹이의 양은 소량으로 조절한다.
3. 시행 간에는 미로에 후각 단서가 남아 있지 않도록 깨끗이 닦는다.

Fig 12. Radial arm maze test

동물은 중앙에 있는 출발상자에서 8개의 통로를 자유롭게 선택하여 들어간다. 통로 끝에는 보상물이 있다. 동물은 공간 단서를 이용하여 이전에 선택하지 않았던 새로운 통로로 들어갈 때에만 보상을 받는다. 공간작업기억(spatial working memory)을 측정할 수 있다.

인지기능 검사 5

검사명	Fear conditioning test
실험 목적	공포조건화는 동물에게 환경적 맥락(context) 혹은 조건자극(CS)을 전기쇼크(US)와 연합시키는 고전적 조건화 패러다임으로, 학습과 기억을 평가하는 검사이다. 맥락 조건화(contextual fear conditioning)와 단서 조건화(cued fear conditioning)로 나눌 수 있다.

실험 장비

실험실마다 장비가 다소 다르나 기본적으로 다음의 장비가 필요하다.

1. 바닥이 그리드(grid)로 구성되어 전기쇼크를 전달할 수 있는 조건화 상자가 방음상자 안에 위치한다.

2. 상자에는 전기쇼크(US)를 전달하기 위한 장치(shock generator)와 조건자극(CS)을 전달할 수 있는 장치(예를 들어 소리자극을 전달할 수 있는 스피커)가 설치되어 있으며, 상자 바깥의 제어부(computer)와 연동된다.

3. 상자에는 동물의 반응을 측정할 수 있는 장비(loadcell, camera)가 설치되어 있다.

실험 절차

1. 훈련 하루 전날 소리자극(조건자극)에 3~5회 노출시켜 동물을 소리자극과 조건화 상자에 적응시킨다.

2. 훈련 첫째 날 조건화 상자에 동물을 넣고 5분간 적응시킨다.

3. 훈련시행은 80dB의 소리자극과 1초의 전기쇼크를 짝지어서 5회 제시한다.

4. 훈련시행 동안 동물의 동결반응(freezing)을 측정한다. 동결반응이란 동물이 숨쉬기 위한 행동 이외에는 움직임이 없는 상태로 정의한다.

5. 24시간 후 검사를 실시한다.

   ① contextual fear conditioning – 동물을 조건화 상자에 둔 상태에서 소리자극을 제시하지 않고 동결반응을 측정하여 '맥락에 대한 조건화된 공포반응' 척도로 삼는다.

   ② cued fear conditioning test – 3시간 후, 맥락을 변화시키기 위해 훈련시행과는 다른 새로운 상자에 동물을 넣고, 소리자극을 제시하여 나타나는 동결반응을 측정한다. 이것을 '단서에 대한 조건화된 공포반응' 척도로 삼는다.

주의사항

1. 훈련 전 동물을 조건화 상자와 조건자극에 적응시키는 절차가 필요하다.

2. 자동화된 장치(loadcell 등)를 사용하거나 두 사람 이상의 훈련된 관찰자에 의해 동결반응을 측정할 수 있다.

3. mouse의 경우 rat에 비해 동결반응의 양상이 다소 다르므로 정상동물(naive animal)의 동결반응에 대해 미리 숙지할 필요가 있다. 또한 같은 종이라 하더라도 동물에 따른 차이도 있으므로, 이 경우 자극에 대한 기저반응(baseline)을 측정하여 기저반응에 대한 상대적인 변화량을 측정치로 삼을 수 있다.

3. 요약

알츠하이머형 치매의 경우 최근 증가하는 노인 인구에 비례하여 크게 증가하고 있는 퇴행성 뇌질환이다. 유전자 조작을 이용한 다양한 알츠하이머형 치매 동물모델이 개발되고 있고, 또한 치료 약물들의 개발도 활발히 이루어지고 있다. 동물모델의 표현형 검증과 약물의 효능을 검증하기 위해서 감각운동, 인지, 정서기능 등 다양한 측면이 고려되어야 한다. 행동적 측면을 확인하기 위해서 사용되는 검사에는 운동기능 검사로는 vertical pole test, grip strength test, rotarod test, open field test, 정서기능 검사로는 elevated plus maze test, fear conditioning 등이 있으며, 인지기능 검사로는 object-recognition test, water maze test, T maze test, radial arm maze test 등이 있다.

국내 전문가 :
묵인희(서울대) inhee@snu.ac.kr
송동근(한림대) dksong@hallym.ac.kr

4. 더 읽을거리

Bang, O. Y., Kim, D. H., Kim, H., Boo, J. H., Hong, H. S., Huh, K., & Mook-Jung, I. (2004). Neuroprotective effect of genistein against beta-amyloid induced neurotoxicity. *Neurobiology of Disease, 16,* 21-28.

Buccafusco, J. J. (2001). *Methods of behavioral analysis in neuroscience.* Boca Raton : CRC Press.

Crawley, J. N. (2000). *What's wrong with my mouse? : Behavioral phenotyping of transgenic and knockout mice.* New York : Wiley-Liss.

Gerlai, R., Fitch, T., Bales, K. R., & Gitter, B. D. (2002). Behavioral impairment of APP(V717F) mice in fear conditioning : is it only cognition? *Behav Brain Res, 136,* 503-509.

Lalonde, R., Dumont, M., Staufenbiel, M., Sturchler-Pierrat, C., & Strazielle, C. (2002). Spatial learning, exploration, anxiety, and motor coordination in female APP23 transgenic mice with the Swedish mutation. *Brain Res, 956,* 36-44.

Todd, R. J., Volmar, C. H., Dwivedi, S., Town, T., Crescentini, R., Crawford, F., Tan, J., & Mullan, M. (2004). Behavioral effects of CD40-CD40L pathway disruption in aged PSAPP mice. *Brain Res, 1015,* 161-168.

Yan, J. J., Jung, J. S., Lee, J. E., Lee, J., Huh, S. O., Kim, H. S., Jung, K. C., Cho, J. Y., Nam, J. S., Suh, H. W., Kim, Y. H., & Song, D. K.(2004). Therapeutic effects of lysophosphatidylcholine in experimental sepsis. *Nat Med, 10,* 161-167.

Whishaw, I. Q., & Kolb, B. (2005). *The behavior of the laboratory rat : Handbook with tests.* New York : Oxford University Press.

04

우울증

1. 도입

우울증은 슬픔과 무기력감 등의 주관적 정서와 함께 신체기능 및 인지기능 이상을 동반하는 심각한 정신장애이다. 우울증의 가장 핵심적인 증상은 보상적인 자극에 대한 흥미와 즐거움의 상실이다. 그 밖에 우울증은 식욕 감퇴와 체중감소, 불면증, 활동력 저하, 주의집중 장애 등의 신체적 기능 이상과 인지기능의 손상 등의 증상을 포함한다.

주요 우울증 동물모델은 동물에게 스트레스를 가하면 동물의 혐오자극에 대한 회피반응(avoidance response)이 감소한다는 것에 기초한다. 이 경우 동물은 사람의 우울증상과 매우 유사한 행동을 보인다. 우울증 동물모델에서는 이렇게 스트레스에 의해 유발된 회피반응 감소를 절망행동(behavioral despair)으로 보고, 절망행동을 유발시킬 수 있는 다양한 절차를 사용한다. 이러한 절차는 대개 보상행동과 쾌락 추구의 상실을 유발한다.

사실 우울증에 동물모델을 적용하는 것은 두 가지 이유에서 논란이 되고 있는데, 인간이 느끼는 정서적인 경험을 동물에게 적용할 수 없다는 것과 우울증의 원인에 대해 아직 충분히 밝혀지지 않았다는 것이다. 그러나 우울증에 동반되는 신경생리학적 변화들, 예를 들어 시상하부-뇌하수체-부신 축(HPA axis)의 활성화와 부신피질호르몬(corticosterone level)의 변화가 동물모델에서도 공통적으로 발견되며, 일련의 연구들을 통해 스트레스 사건이 우울증의 유발에 중요한 역할을 한다는 것이 밝혀짐에 따라 이에 적합한 동물모델의 타당성이 입증되고 있다. 다음에 제시된 동물모델들은 인간 우울증과 유사한 행동적, 신경생리학적 변화를 보여주며, 이러한 변화는 항우울제 처치에 의해 회복될 수 있으므로 우울증의 타당한 동물모델로 널리 사용되고 있다.

가장 널리 알려진 우울증의 동물모델은 Seligman과 Overmier가 최초로 제안한 학습된 무기력 이론(learned helplessness theory)에 근거한 동물모델이다. 이 모델의 핵심은 통제 불가능성(uncontrollability)으로, 회피할 수 없는 전기쇼크에 노출된 개들은 나중에 전기쇼크를 피할 수 있는 상황에서도 그것에 대처하려는 반응을 보이지 않는다는 실험에 기초한다. 이후의 실험에서 학습된 무기력 모델은 설치류에서도 효과적인 동물모델로 사용될 수 있음이 입증되었다. 그러나 이 모델의 단점은 혐오 자극이 사라진 후 2~3일이 지나면 우울증 증상이 사라진다는 점이다. 이러한 단점을 보완하기 위해 사용되는 절차가 '만성적이고 경미한 스트레스로 유발하는 우울증 동물모델(chronic mild stress model : CMS)'이다. Katz가 최초로 소개하고 Willner가 발전시킨 CMS 모델은 동물을 경미한 스트레스 자극에 장시간 노출시키는 절차를 사용한다. 이 모델에서 사용되는 스트레스 절차에는 먹이와 물 박탈, 물에 젖은 사육상자, 사육상자를 경사지게 기울여 놓기, 밤새 조명을 밝혀놓기, 3배수의 동물을 한 사육상자에 넣어두는 것 등이 포함된다. 이렇게 다양한 스트레스 자극들은 여러 가지를 섞어서 제시할 때 가장 효과적이다. 한 주에 모든 스트레스 자극을 한 회기 이상 포함시키고, 자극 제시 기간은 종류에 따라 하루 1시간에서 20시간이며, 전체 시행 기간은 2~8주 정도로 한다.

Porsolt가 개발한 강제 수영 검사(forced swim test : FST)도 널리 사용되는 우울증 동물모델 중 하나이다. 이 모델은 물이 채워진 좁은 실린더 안에 동물을 빠뜨렸을 때 처음에는 동물이 탈출하려는 행동을 보이다가 이내 움직임을 멈추는 부동성(immobility)을 보이며, 24시간 후 재검사를 해보면(즉 다시 실린더의 물에 빠뜨리면) 전날에 비해 더 많은 부동성을 보인다는 사실에 기초한다. FST 동물모델에서는 이 부동성의 증가를 우울증이 유발되었다는 지표로 삼는다. 그러나 이러한 부동성이 더 이상의 에너지 소모를 방지하려는 반응일 수도 있다는 데 주의해야 한다. tail suspension test도 FST와 유사한 원리를 사용하는 절차로 동물의 꼬리를 막대 등에 고정시켜 거꾸로 매달고 부동성을 측정한다.

우울증 동물모델로 아직 논란의 여지가 있기는 하지만 후구 제거(olfactory bulbectomy) 역시 널리 사용되는 절차 중 하나이다. 양쪽 후구(olfactory bulbs)의 손상은 우울증과 유사한 행동적, 신경화학적, 신경내분비적 변화를 일으킬 뿐만 아니라 이러한 변화가 항우울제에 의해 회복된다고 알려져 있다. 이 모델에서는 두개골에 구멍을 뚫고 suction으로 후구를 제거하는 시술이 시행된다.

위에서 제시한 다양한 우울증의 동물모델은 공통적으로 우울증과 유사한 신체적, 정서적, 행동적, 인지적 기능 이상을 유발한다. 따라서 우울증에 대한 동물 행동검사는 식욕 및 수면 이상, 체중 감소 등을 측정하는 신체적 기능 검사와 스트레스 자극에 대해 보이는 전반적인 무기력감을 측정하는 정서기능 검사, 그리고 활동성 저하와 인지기능 손상을 측정하는 운동기능 검사와 인지기능 검사가 포함된다.

우울증 동물모델을 이용한 실험을 계획할 때 주의할 것은 우울증의 유전적 요인을 고려해야 한다는 점이다. 모든 동물이 행동검사에 대해 같은 결과를 보이는 것은 아니다. 예를 들어 tail suspension test에서 founder mice를 대상으로 부동성을 보이는 시간이 높은 동물과 낮은 동물을 각각 선택적으로 내교배(inbreeding)하면 행동적 경향성이 증폭되며 이에 따라 항우울제 처치에 대한 효과도 유의미하게 다르게 나타난다. 그러므로 유전자조작동물을 이용하여 행동검사를 실시할 때에는 동물을 선택하고 통제집단을 구성하는 데 주의를 기울여야 하며, 그 결과를 해석할 때에도 행동적, 생리적, 유전적 요인들을 모두 고려해야 한다.

2. 행동검사

1. 신체기능 검사
   ① Body weight test
2. 운동기능 검사
   ① Open field test
3. 정서기능 검사
   ① Sucrose preference test
   ② Learned helplessness test
   ③ Forced swim test (FST)
   ④ Tail suspension test
4. 인지기능 검사
   ① Passive avoidance test

신체기능 검사 1

검사명	Body weight test
실험 목적	식욕의 감소와 그에 따른 체중의 변화는 우울증 진단의 중요한 기준 중의 하나이다. 우울증 동물에 있어서도 유의미한 체중의 변화가 관찰되므로 이 검사를 우울증의 기본적인 지표로 활용할 수 있다.

실험 장비

체중계

실험 절차

실험동물을 체중계에 올려놓고 체중을 측정한다.

주의사항

1. 체중은 실험동물의 연령에 따라 변화할 수 있다.
2. 체중의 증감은 실험동물의 혈통이나 품종에 따라 달라질 수 있다.

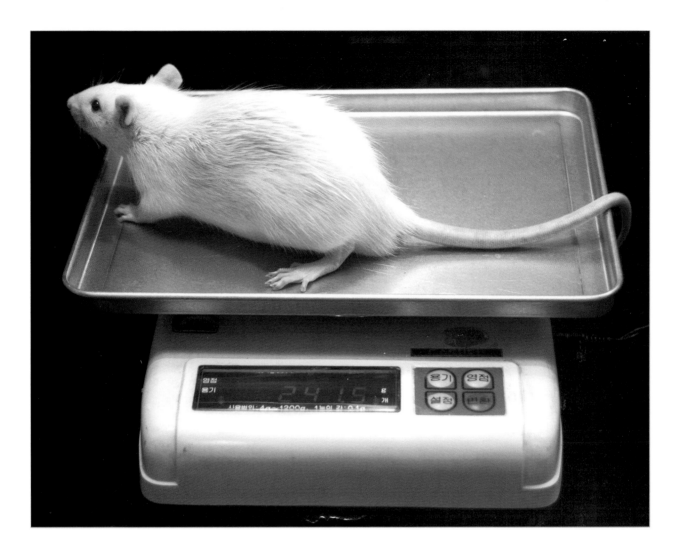

Fig 13. Body weight test

동물을 체중계 위에 살며시 올려놓고 몸무게를 측정한다.

검사명	**Open field test**
실험 목적	본 검사는 동물의 일반적인 보행활동수준을 알아보기 위한 검사이다. 우울증의 특징적인 증상인 운동성 변화를 측정하기 위해 동물의 기본적인 활동수준을 검사해야 할 필요가 있다.

실험 장비

전형적인 open field 검사는 동물이 움직이기 충분한 사각형 모양의 개방된 상자(rat의 경우 77cm×77cm×25cm, mouse의 경우 40cm×40cm×27cm의 나무 혹은 아크릴 상자)에서 이루어진다.

1. 개방장 전체를 주변부와 중심부로 구분
2. 비디오 모니터와 컴퓨터 트랙킹 : 중심부와 주변부 움직임 측정

실험 절차

1. 검사하기 30분 전에 동물을 행동 검사실에 미리 적응시킨다.
2. 동물을 출발상자에서 60초간 적응시킨 후 출발상자의 문을 열어 출발시킨다.
3. 상자에서의 행동은 보통 10~20분 동안 미리 정해둔 시간만큼 기록하며, 측정치들은 다음과 같다.
   ① 출발 잠재기(start latency, 제한시간 60초)
   ② 중심부에서의 활동(컴퓨터 트랙킹 혹은 관찰자가 측정)
   ③ 주변부에서의 활동(컴퓨터 트랙킹 혹은 관찰자가 측정)
   ④ 앞발 들기(rearing)
   ⑤ 몸치장(grooming)
   ⑥ 대변, 소변

주의사항

이전 실험동물의 대소변이 이후 실험동물에게 후각 단서로 작용하여 행동에 영향을 주는 것을 막기 위해 검사 후 상자를 에탄올(70%)로 잘 닦아주어야 한다.

정서기능 검사 1

검사명	Sucrose preference test
실험 목적	우울증의 가장 일반적인 증상 중의 하나는 쾌락추구 경향의 감소(anhedonia)이다. 단맛에 대한 선호도의 감소는 이러한 우울증의 의한 쾌락추구 경향의 감소를 측정하는 지표로 사용할 수 있다. 따라서 이 검사에서는 인공감미료인 sucrose 수용액을 사용하여 단맛에 대한 선호도를 측정한다.

실험 장비

1. 급수 꼭지가 달린 두 개의 플라스틱 물병
2. 동물이 마신 물과 sucrose양을 측정할 수 있는 측정 도구

실험 절차

1. 두 개의 플라스틱 물병을 사육상자 윗면에 꽂아 동물이 자유롭게 접근할 수 있도록 놓아두고 두 개의 물병을 통해 물을 마시는 것을 훈련시킨다.
2. 두 개의 물병을 통해 24시간 동안 물을 제공하고 물의 섭취량을 측정한다.
3. 두 개의 물병을 통해 24시간 동안 sucrose 수용액을 제공하고 sucrose 수용액의 섭취량을 측정한다.
4. 2, 3의 절차를 격일로 2회 실시하여 물과 sucrose 수용액 섭취량에 대한 baseline으로 삼는다.
5. 각각의 물병을 통해 24시간 동안 물과 sucrose를 동시에 제공하고 각각의 섭취량을 측정한다.
6. 섭취한 물과 sucrose의 양을 측정한 후, 전체 섭취량(물+sucrose)에서 sucrose 섭취량의 비율을 'sucrose에 대한 선호도'로 삼는다. 즉 sucrose preference(%) = sucrose / (water+sucrose)×100을 계산한다.
7. 5의 절차를 3~5일 간격으로 두 번 실시하여 평균을 낸다.

주의사항

1. 물과 sucrose 수용액이 제공되는 물병의 위치를 매번 바꾸도록 한다.
2. 24시간 물 박탈 후 일정 시간(3~6시간)의 섭취량을 측정할 수도 있다.
3. sucrose 수용액의 농도를 일정하게 고정시킬 수도 있고 점차 늘려갈 수도 있다. 농도는 동물에 따라 결정한다.

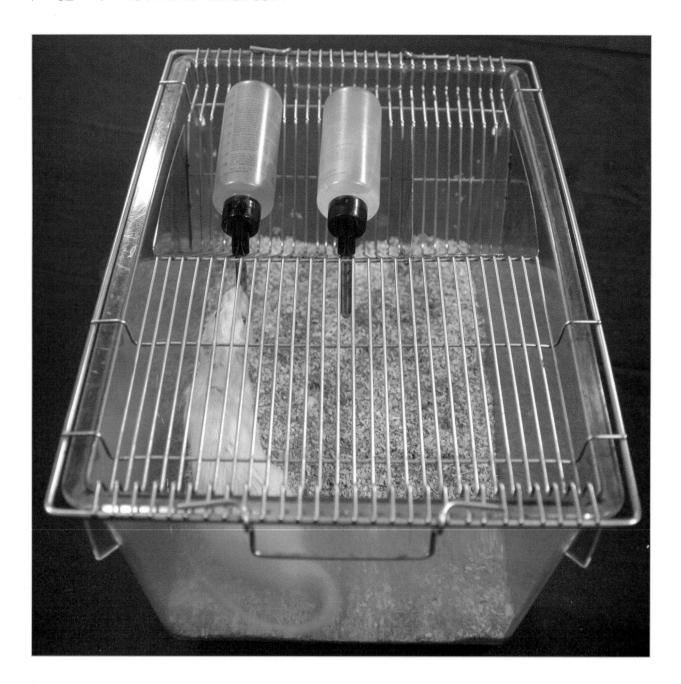

Fig 14. Sucrose preference test

24시간 동안 물과 자당용액(sucrose)을 동시에 제공하고 각각의 섭취량을 측정한다.

정서기능 검사 2

검사명	Learned helplessness test
실험 목적	본 검사는 동물을 통제 불가능한 자극에 노출시킴으로써 behavioral despair를 유발하는 절차이다. 다양한 항우울 처치에 의한 동물의 반응양상을 비교하거나 우울증 동물모델의 행동적, 생리학적, 생화학적 결과를 측정하는 데 활용할 수 있다.

실험 장비

1. 조작적 조건화 상자(operant conditioning chamber)는 US(전기쇼크)를 제시할 수 있는 장비가 갖추어져 있어야 한다.
2. shuttle box는 CS(자극 조명 혹은 소리)와 US(전기쇼크)를 제시할 수 있는 장비가 갖추어져 있으며, 가운데가 개방된 문을 통해 두 칸으로 나뉘어져 있다.
* shuttle box의 구체적 규격은 ADHD 부분의 인지기능 검사 참조

실험 절차

제시되는 자극의 종류와 동물에 따라 차이가 있지만 대개 다음의 절차를 따른다.

shock pretraining

1. 동물을 두 집단(실험집단 - stressed group, 통제집단 - nonstressed group)으로 나눈다.
2. 실험집단에게는 전기쇼크를 아무 신호 없이 무선적으로 제시한다.
3. 통제집단은 상자에 shock generator를 연결하지 않는 것 외에는 실험집단과 모든 절차가 동일하다(정확한 결과해석을 위해서는 yoked control design(멍에 통제집단설계)을 사용하는 것이 바람직하다).

avoidance-escape training

1. 48시간 후 동물을 shuttle box에 두고 5분간 적응시킨다.
2. 시행이 시작되면 3초간 CS(조명이나 소리)를 제시하고, 이 시간 내에 동물이 건너편 상자로 건너가지 않으면 3초간 US(전기쇼크)를 가한다.
3. CS가 제시되는 동안 동물이 건너편 상자로 건너가면 avoidance response로 기록하고, US가 제시되는 동안 건너가면 escape response로 기록한다. 만약 US가 끝날 때까지도 동물이 건너가지 않으면 CS와 US를 모두 멈추고 learned helplessness behavior로 기록한다. trial 사이에 상자 사이의 이동 횟수를 측정하여 unconditioned motor activity로 측정한다.
4. shuttle box test를 2일 반복하고 반복 회기에는 적응절차를 생략한다.

주의사항

1. 자극의 정도(시간, 강도)는 동물의 종류에 따라 다를 수 있다.
2. 실험 전 실험집단과 통제집단의 기본적인 운동성 및 정서수준이 유의미하게 차이 나지 않는 것을 확인한다.

검사명	Forced swim test (FST)
실험 목적	본 검사는 널리 사용되는 우울증 동물모델로, 동물의 우울관련 행동을 관찰하고 다양한 항우울제의 효과 및 그 신경생물학적 기전을 검사하는 데 유용하다.

실험 장비

실험 장비는 실험실에 따라 다양하지만, mouse의 경우 다음의 장비가 필요하다.

1. 지름 20cm, 높이 40cm의 윗면이 개방된 원통모양의 아크릴 실린더
2. 수온 25±2℃의 물 : 실린더의 바닥에서부터 15cm까지 붓는다.
3. 초시계

실험 절차

1. 동물을 15분 동안 강제로 수영시키고 물에서 건져 올려 마른 수건으로 닦고 사육상자로 돌려 보낸다(pretest session).
2. 24시간 후에 동물을 동일한 장비에 5분 동안 빠뜨린다(test session).
3. 검사시행 전체를 비디오테이프 등의 기록 장치를 이용하여 기록하고, 기록된 테이프를 통해 test session(5분) 동안 다음의 동물의 행동이 나타나는 시간을 측정한다. 또는 5초에 한 번씩 sampling하는 방식으로 3종류 동물 행동의 시간(time)과 빈도(frequency)를 측정한다.
   ① immobility behavior - 동물이 발버둥치지 않고 물 위에 떠 있는 행동으로, 수면 밖으로 머리를 내놓는 데 필요한 움직임 이외에는 아무 움직임이 없는 상태이다. 부동성의 증가를 절망행동의 지표로 삼는다.
   ② swimming behavior - 실린더 주위를 수평 방향으로 움직이는 행동으로, immobility behavor보다는 더 적극적으로 움직이는 행동이다.
   ③ climbing behavior - 벽을 향해 앞발을 물 안팎으로 차올리는, 다소 격렬하게 움직이는 행동이다.
4. 검사 회기(test session) 동안 각 행동을 측정한다. 혹은 검사전 회기(pretest session) 15분 중 마지막 5분과 검사 회기 5분의 측정치를 비교한다.

주의사항

1. 동물 행동은 두 사람 이상의 훈련된 실험자들이 측정한다.
2. 매 시행마다 깨끗한 물로 바꾼다.
3. 동물을 최초로 물에 빠뜨릴 때에는 동물의 머리까지 물에 빠지지 않도록 살짝 놓는다.
4. 행동수준 자체에 영향을 줄 수 있는 처치를 했을 경우 본 실험상에서 나타난 행동의 변화가 기저행동 수준의 변화 때문일 수도 있으므로 결과해석에 주의를 기울여야 한다. 행동수준이 다를 경우 기저선(baseline)에서의 상대적 변화량을 측정치로 삼는 것이 좋다.

(a) immobility

(b) swimming

(c) climbing

Fig 15. Forced swim test

동물을 물에 빠뜨려 다음과 같은 3가지 행동
을 관찰한다. 부동행동(a), 수영행동(b), 기
어오르는 행동(c).

정서기능 검사 4

검사명	Tail suspension test
실험 목적	본 검사는 FST와 유사한 원리를 사용하는 절차로, 동물의 꼬리를 막대 등에 고정시켜 거꾸로 매달아 놓고 부동성이 증가하는 양상을 측정한다. 항우울제를 처치하면 부동성 시간이 감소하는 것을 관찰할 수 있다.

실험 장비

1. 동물의 꼬리를 막대에 고정시킬 수 있는 장치
2. 꼬리의 움직임을 측정할 수 있는 측정 장치

실험 절차

간단하게 동물의 꼬리를 들어올린 후 부동성을 측정할 수도 있으며, 자동화된 측정 장치를 사용하기도 한다. 자동화된 측정 장치를 사용하는 경우 검사절차는 다음과 같다.

1. 실험동물의 꼬리를 막대 등에 고정시킨다.
2. 이 막대에 부착된 strain gauge가 실험동물의 움직임을 탐지하고 측정 장치로 자료를 보낸다.
3. 6분간 immobility 시간을 측정한다.

주의사항

자동화된 측정 장치를 이용하는 경우에도 훈련된 실험자들이 수동으로 측정한 결과치와 비교하는 것이 좋다.

인지기능 검사 1

검사명	Passive avoidance test
실험 목적	학습과 기억 수행 능력을 검사하는 데 널리 사용되는 검사로, 이전에 혐오 자극이 제시되었던 상자 안에 들어가기까지 걸리는 시간을 측정한다. 우울증이 유발하는 학습과 기억의 결손을 알아보기 위해 사용된다.

실험 장비

1. 수동회피 상자
   - 그리드 바닥(grid floor)이 깔려 있는 검은색 아크릴 상자(30cm×30cm×30cm)
   - 상자 안을 어둡게 한다.
   - 상자의 앞면 하단 부위에 쥐가 통과할 수 있는 작은 문(guillotine door)을 만든다.
   - 상자 위는 뚜껑을 덮어 동물이 밖으로 튀어 나오는 것을 방지한다.
2. 플랫폼(3cm×10cm) : 상자 앞에 설치하고 할로겐 전구로 밝혀준다.
3. 상자를 올려놓을 약 60cm 높이의 테이블(플랫폼이 테이블 앞으로 돌출되도록 위치시킨다)
4. 전기쇼크 장비

실험 절차

1. 훈련
   A. 시행 1, 2
      ① 실험동물을 할로겐 전구로 밝혀둔 플랫폼 위에 올려놓고 상자의 문을 열어둔다.
      ② 실험동물이 상자 안으로 들어가면 상자의 문이 닫힌다. 실험동물은 상자 안에 20초 동안 남아 머물러 있는다.
      ③ 이 시행을 2회 반복한다(trial 1, 2).
   B. 시행 3
      ① 실험동물이 상자로 들어간 후 문이 닫힌다.
      ② 문이 닫힘과 동시에 1회의 발바닥 쇼크(2s, 1mA)를 그리드 바닥으로 흘려준다.
      ③ 전기쇼크가 제시된 후에 실험동물을 사육상자로 옮긴다.
2. 파지검사(retention test)
   A. 파지검사는 훈련 절차를 거친 후 24시간 뒤에 장기기억(long-term memory)을 확인하기 위해 시행한다.
   B. 실험동물을 플랫폼 위에 위치시키고 상자의 문이 열이 열리면, 실험동물이 상자로 들어가기까지 걸리는 시간(latency)을 측정한다.
   C. 실험동물이 상자 안으로 들어가거나 300초 동안 플랫폼에 머물러 있으면 검사는 종료된다.

D. 시행기간 동안 전기쇼크는 제시하지 않는다.

주의사항

1. 실험동물의 머리가 향하는 방향은 상자에 있는 문과 반대방향이다.
2. 마지막 훈련과 파지검사의 간격은 실험의 목적에 따라 바꿀 수 있다.
3. 쥐가 통과하는 문(guillotine door) 하단에 1cm 정도의 틈을 두어 동물의 꼬리가 끼지 않도록 한다.

(a)   (c)

Fig 16. Passive avoidance test

동물을 플랫폼 위에 올려놓고 어둡고 닫힌 공간에 들어가면 전기쇼크를 가한다(a). 동물을 플랫폼에 올려놓은 모습(b). 동물이 상자 안으로 들어가는 모습(c).

3. 요약

우울증은 심각한 정신과적 질환이며, 우울증의 행동적, 신경생리학적 기제를 이해하기 위해 다양한 동물모델이 개발되고 이용되어 왔다. 가장 널리 이용되는 우울증의 동물모델은 learned helplessness model, chronic mild stress model, forced swim test, tail suspension test, olfactory bulbectomy 등이 있으며, 이 동물모델들은 인간의 우울증에서 관찰되는 것과 유사한 행동적, 신경생리학적 변화 및 항우울제의 처치 효과를 보인다.

우울증에 의해 유발된 신체적, 행동적, 인지적 기능 이상을 측정하기 위해 다양한 절차들이 사용된다. 신체적 기능 변화를 측정하기 위한 절차로는 body weight 측정이 있고, 정서적 변화를 측정하기 위한 절차로는 sucrose preference test, learned helplessness test, forced swim test, tail suspension test 등이 이용되며, 인지적 기능을 측정하기 위한 절차로 passive avoidance test 등이 사용될 수 있다.

국내 전문가
신경호(고려대) kyungho@korea.ac.kr

4. 더 읽을거리

Chen, A. C., Shirayama, Y., Shin, K. H., Neve, R. L., & Duman, R. S. (2001). Expression of the cAMP response element binding protein (CREB) in hippocampus produces an antidepressant effect. *Biol Psychiatry, 49,* 753-762.

Cryan, J. F., Markou, A., & Lucki, I. (2002). Assessing antidepressant activity in rodents : recent developments and future needs. *Trends Pharmacol Sci, 23,* 238-245.

Gronli, J., Murison, R., Bjorvatn, B., S ø rensen, E., Portas, C. M., & Ursin, R. (2004). Chronic mild stress affects sucrose intake and sleep in rats. *Behav Brain Res, 150,* 139-147.

Henn, F. A., & Vollmayr, B. (2005). Stress models of depression : forming genetically vulnerable strains. *Neurosci Biobehav Rev, 29,* 799-804.

Liu, X., & Gershenfeld, H. K. (2003). An exploratory factor analysis of the Tail Suspension Test in 12 inbred strains of mice and an F2 intercross. *Brain Res Bull, 60,* 223-231.

Matthews, K., & Reid, I. (1998). Animal Models for Depression : The Anhedonic Rat-Theory and Practice. In Ebert, D., & Ebmeier, K. P.(Eds.), *New Models for Depression : Advances in Biological Psychiatry, 19* (pp.49-71). Basel : Karger.

Nowak, G., Szewczyk, B., Wieronska, J. M., Branski, P., Palucha, A., Pilc, A., Sadlik, K., & Piekoszewski, W. (2003). Antidepressant-like effects of acute and chronic treatment with zinc in forced swim test and olfactory bulbectomy model in rats. *Brain Res Bull, 61,* 159-164.

Pothion, S., Bizot, J. C., Trovero, F., & Belzung, C. (2004). Strain differences in sucrose preference and in the consequences of unpredictable chronic mild stress. *Behav Brain Res, 155,* 135-146.

05

약물 중독

1. 도입

약물 중독(drug addiction)이란 심각하게 부정적인 결과에도 불구하고 강박적으로 과도하게 약물을 찾아 사용하는 특정한 행동패턴을 의미한다. WHO는 '물질 의존(substance dependence)'이라는 용어로 약물에 대한 행동적, 신체적 의존상태를 정의한다. 행동적 의존은 약물을 찾아 사용하려는 행동과 이와 관련한 병리학적 사용 패턴에 초점을 맞춘 것이다. 신체적 의존은 약물 사용이 신체에 미치는 다양한 생리적 영향을 의미한다. DSM-IV(Diagnostic and Statistical Manual of Mental Disorders IV)는 '물질 관련 장애(substance-related disorder)'라는 용어를 사용하여 각종 약물 장애를 설명하고 있으며, 특히 물질 사용으로 인해 사회적으로 비적응적 행동이 나타날 때를 물질 중독(substance addiction)으로 정의한다.

약물 중독을 연구하기 위해 가장 널리 쓰이는 동물모델은 약물 자가 투여 동물모델(self-administration animal model : SA)이다. 이 모델을 통해 동물에게 있어서 약물의 단순 자가 투여와 중독을 구별하기 위해서는 DSM-IV의 몇 가지 진단기준을 참고해야 한다.

SA 동물모델을 통해 약물에 중독된 동물은 처치 약물에 따라 다양한 인지기능의 손상뿐 아니라 기본적인 감각기능 및 운동기능의 손상을 보인다. 그러므로 SA 동물을 통해 학습과 기억에 관한 연구를 하기 위해서는 우선 기본적인 감각 및 운동기능의 손상을 확인해야 한다.

약물 중독을 연구하기 위해 주로 사용되는 행동검사에는 '조건화된 장소 선택성 검사(conditioned place preference test : CPP)'와 '약물에 의해 유발된 보행활동 수준 검사(drug-induced locomotor activity test)' 등이 있으며, 이러한 행동검사에 앞서 기본적인 운동 및 감각 기능을 측정할 수 있는 행동검사가 필요하다.

주의할 것은 행동검사를 선택하고 결과를 해석하는 데 있어서 약물 중독의 유전적 요인과 강화물의 속성에 따라 발현되는 행동의 차이를 염두에 두어야 한다는 점이다. 예를 들어 C57BL/6J mice의 경우 코카인(cocaine)에 대한 조건화된 장소 선택성(CPP)을 보이지만, 128/SvJ mice의 경우는 그렇지 않다. 이는 코카인에 대한 약물 선택성에 대한 유전적 요인이 있음을 암시하며, 코카인에 대해 SA 동물모델을 적용할 때 주의할 점이다. dopaminergic D2 receptors null mouse의 경우에 먹이를 강화물로 사용하면 정상동물과 유사하게 CPP를 보이지만 모르핀(morphine)에 대해서는 CPP를 보이지 않는다. 이는 D2 수용기가 약물 중독의 동기적 요소에 관여한다는 것을 의미한다(Maldonado et al., 1997). tPA (tissue plasminogen activator) knockout mice의 경우 코카인에 대한 약물 자가 투여 행동(SA)은 정상적으로 획득하지만 이후 보상이 없을 때에도 반응을 억제하지 못하고, 코카인에 의해 유발된 과잉활동성에 훨씬 민감하다. 이는 tPA가 행동 억제에 관여한다는 것을 시사한다. 이처럼 유전자조작동물을 대상으로 약물 중독 동물모델을 적용할 때에는 동물에 따른 약물의 속성 및 행동검사의 특징을 고려하여 실험을 계획해야 한다.

동물모델과 여러 가지 행동검사를 통해 특정 약물의 강화적 속성을 측정하거나 유전자조작동물의 약물 중독 취약성을 측정할 수 있으며, 더 나아가 보상시스템과 관련된 신경 기제를 연구하는 데 단서를 얻을 수 있다.

2. 행동검사

1. 감각기능 검사

  ① Tail flick test

② Hot plate test

2. 운동기능 검사

    ① Open field test

    ② Drug-induced locomotion test

3. 정서기능 검사

    ① Forced swim test (FST)

② Elevated plus maze test (EPM)

4. 인지기능 검사

    ① Conditioned place preference test (CPP)

    ② Water maze test Ⅰ (hidden platform version)

5. 기타 기능 검사

    ① Self-administration (SA)

검사명	Tail flick test
실험 목적	본 검사는 피부에 온도자극을 주고 회피반응 시간을 보는 것으로, 통증에 대한 민감도를 측정한다. 무통(analgesia)은 아편계 약물의 주요한 특징이며 아편계 약물을 반복적으로 투여할 경우 내성(tolerance), 즉 무통의 감소를 보인다. 이러한 무통의 변화량을 통해 내성을 측정할 수 있다.

실험 장비

가열장치의 발열부분에 꼬리의 일부분을 올려놓고 열을 주어 동물이 꼬리를 치우는 반응(tail-flick)을 할 때까지의 시간을 측정한다. 발열부분의 온도는 45~60℃로 다양하게 설정한다.

1. 동물을 가볍게 구금할 수 있는 상자
2. 온도 조절이 가능한 가열장치가 포함되어 있어 동물의 tail-flick 반사를 측정할 수 있는 장비와 프로그램
3. 가열장치
4. 꼬리의 움직임을 측정할 수 있는 장비
5. 측정된 데이터를 디지털화시킬 수 있는 프로그램
6. 수동 혹은 자동 초시계

실험 절차(rat의 경우)

1. 각 검사를 위해서 먼저 동물을 5분 동안 플라스틱 구금상자에 넣어 실험 상황에 적응시킨다.
2. 동물의 꼬리 끝에서 약 15mm 되는 지점을 발열부분에 놓는다.
3. 가열장치를 작동시키고 동물이 꼬리를 치울 때까지의 시간을 측정한다.
4. 조직의 손상을 막기 위해서 18초를 제한시간(cut-off time)으로 정하고, 총 3회 시행한다.

주의사항

1. 동물을 구금상자에 넣고 미리 적응시키는 절차가 필요하다.
2. 정상 동물의 기저선 반응(baseline response)을 측정하는 것이 필요하다(rat의 경우 15초 동안 45℃까지 온도를 서서히 올리면서 동물이 처음 꼬리를 치울 때까지의 시간을 측정한다).
3. tail-flick은 척수 반사로, 이는 척수의 윗부분을 절단해도 짧은 시간 동안 tail-flick이 지속적으로 일어나는 것으로 알 수 있다.

감각기능 검사 2

검사명	Hot plate test
실험 목적	중추 및 말초 신경계의 반사반응을 측정하기 위해 필요한 검사이다. 아편계 약물을 반복적으로 투여할 경우 생기는 내성(tolerance), 즉 무통(analgesia)의 감소를 측정하는 데 사용된다.

실험 장비

실험 장비는 동물에 따라 혹은 실험실마다 다를 수 있으나 대개 다음과 같다.
1. 동물이 네 발을 올려놓을 수 있는 정도의 크기의 온도 조절이 가능한 금속판
2. 금속판에 연결된 온도 조절장치
3. 동물이 금속판 밖으로 나가거나 튀어 오르는 것을 방지할 수 있는 높이의 투명한 아크릴 담벽
4. 시간을 측정하기 위한 초시계

실험 절차

1. 52~55℃ 온도의 금속판 위에 동물을 올려놓는다.
2. 동물의 네 발이 모두 금속판 위에 닿은 순간부터 기록을 시작한다.
3. 동물이 뒷발을 들어 핥을 때까지의 시간을 기록한다.
4. 30초가 되도록 동물이 반응을 하지 않으면 동물을 금속판에서 치운다.
5. 시행을 반복할 경우, 적어도 1분의 시행 간 간격을 둔다.

주의사항

1. 동물이 튀어 오르거나(jumping) 소리내는 것(vocalization)을 측정치로 삼기도 한다.
2. 온도는 동물 및 실험 처치에 따라 실험자가 결정하되 한배동물로 구성된 통제집단의 반응을 결정기준으로 삼으며, 한배동물을 사용하기 어려운 경우에는 주령 및 몸무게가 동일한 동물로 통제집단을 구성한다. 동물이 몸무게가 많이 나가고 주령이 오래될수록 동물이 반응을 할 때까지의 시간(latency)이 길어지는 경향이 있다.
2. 반응을 하지 않는 동물을 금속판에서 치우는 시간(cut-off time)은 동물 및 실험 처치에 따라 실험자가 결정하되, 열에 의한 동물의 피부조직 손상이 없도록 주의한다.
3. 발을 핥는 반응과 도약반응(jumping)은 모두 척수보다 상부(supraspinal) 수준의 반응이다.
4. mouse의 경우 뒷발을 핥는 행동이 전형적으로 나오지만, rat의 경우에는 좀더 복잡한 행동, 즉 코를 킁킁거리거나, 발을 핥거나, 앞발을 들고 서거나, 발을 구르는 등의 행동이 동반된다.

운동기능 검사 1

검사명	Open field test
실험 목적	동물의 일반적인 보행활동수준을 알아보기 위한 검사이다. 약물 처치 후 동물의 행동 변화를 살펴보기 위해서는 동물의 기본적인 활동수준을 검사해야 할 필요가 있다.

실험 장비

전형적인 open field test는 동물이 움직이기 충분한 사각형 모양의 개방된 상자(rat의 경우 77cm×77cm×25cm, mouse의 경우 40cm×40cm×27cm의 나무 혹은 아크릴 상자)에서 이루어진다.

1. 개방장 전체를 주변부와 중심부로 구분
2. 비디오 모니터와 컴퓨터 트래킹 : 중심부와 주변부 움직임 측정

실험 절차

1. 검사하기 30분 전에 동물을 행동 검사실에 미리 적응시킨다.
2. 동물을 출발상자에서 60초간 적응시킨 후 출발상자의 문을 열어 출발시킨다.
3. 상자에서의 행동은 보통 10~20분 동안 미리 정해둔 시간만큼 기록하며, 측정치들은 다음과 같다.
    ① 출발 잠재기(start latency, 제한시간 60초)
    ② 중심부에서의 활동(컴퓨터 트래킹 혹은 관찰자가 측정)
    ③ 주변부에서의 활동(컴퓨터 트래킹 혹은 관찰자가 측정)
    ④ 앞발 들기(rearing)
    ⑤ 몸치장(grooming)
    ⑥ 대변, 소변

주의사항

이전 실험동물의 대소변이 이후 실험동물에게 후각 단서로 작용하여 행동에 영향을 주는 것을 막기 위해 검사 후에는 에탄올(70%)로 상자를 잘 닦아주어야 한다.

운동기능 검사 2

검사명	Drug-induced locomotion test
실험 목적	반복적으로 동물을 같은 환경에 노출시킬 경우 새로운 환경에 대한 탐색활동이 줄어들어 전반적인 보행활동 수준이 감소하지만, 특정 약물(cocaine, amphetamine, morphine, heroin 등)을 투여하면 같은 환경에 대한 반복적인 노출에도 불구하고 여전히 보행활동 수준이 높은 '행동적 민감화(behavioral sensitization)'를 보인다. 이처럼 보행활동 수준의 변화량을 측정하는 것은 약물을 반복 투여하였을 때 증가하는 행동적 반응을 매개하는 뇌내 기제를 연구하는 데 유용하다.

실험 장비

행동 측정 상자(activity chamber)는 실험실마다 다양하지만, 대체로 정방형의 개방장 형태이다.
1. 동물이 탐색활동을 할만큼 충분히 넓은 개방된 상자
2. 동물의 움직임을 측정할 수 있는 장비(예를 들어 video monitor, tracker, photocell-based automated rotometer)

실험 절차

1. 새로운 환경에 대한 경계로 인해 탐색활동에 지장을 받지 않기 위해, 본 실험에 들어가기 30분 전 실험동물을 개방장에 미리 노출시켜 적응시킨다.
2. 30분 후 동물에게 약물을 처치하고, 이후 30~120분간의 행동을 기록한다. 기록 시간은 동물의 종류, 회기 횟수, 약물의 특성 등에 따라 실험자가 결정한다.
3. 동물이 움직인 거리를 측정치로 삼는다.
4. 해당 약물을 한 번 처치했을 때 생기는 과잉활동성을 측정할 수도 있으며, 여러 번의 약물처치를 통해 해당 약물이 야기하는 환경에 대한 행동적 민감화를 측정할 수도 있다.

주의사항

1. 행동적 민감화를 측정할 경우, 각 회기는 24시간 간격으로 수행되며 환경에 의한 영향을 배제하기 위해 매 시행마다 다른 개방장을 사용할 수 있다. 이 경우 각 회기마다 약물 처치 전에 각 개방장에 대한 사전노출이 반드시 필요하다.
2. 카테터를 통해 약물을 처치할 경우 추가로 30~60초 가량 약물이 확산되는 시간을 둔다.

정서기능 검사 1

검사명	Forced swim test (FST)
실험 목적	본 검사는 우울증 연구에 주로 사용되며, 주로 다양한 항우울제의 효과 및 그 신경생물학적 기전을 검사하는 방법이다. 약물의 금단 증상으로 나타나는 동물의 우울관련 행동을 살펴보는 데 유용하다.

실험 장비

실험 장비는 실험실에 따라 다양하지만, mouse의 경우 다음의 장비가 필요하다.

1. 지름 20cm, 높이 40cm의 윗면이 개방된 원통모양의 아크릴 실린더
2. 수온 25±2℃의 물 : 실린더의 바닥에서부터 15cm까지 붓는다.
3. 초시계

실험 절차

1. 동물을 15분 동안 강제로 수영시킨 후 물에서 건져 올려 마른 수건으로 닦고 사육상자로 돌려 보낸다(pretest session).
2. 24시간 후에 동물을 동일한 장비에 5분 동안 빠뜨린다(test session).
3. 검사시행 전체를 비디오테이프 등의 기록 장치를 이용하여 기록하고, 기록된 테이프를 통해 test session(5분) 동안 다음의 동물의 행동이 나타나는 시간을 측정한다. 또는 5초에 한 번씩 sampling하는 방식으로 3종류의 동물 행동의 시간(time)과 빈도(frequency)를 측정한다.

   ① immobility behavior - 동물이 발버둥치지 않고 물 위에 떠 있는 행동으로, 수면 밖으로 머리를 내놓는 데 필요한 움직임 이외에는 아무 움직임이 없는 상태이다. 이 부동성의 증가를 절망행동의 지표로 삼는다.
   ② swimming behavior - 실린더 주위를 수평 방향으로 움직이는 행동으로, immobility behavior보다는 더 적극적으로 움직이는 행동이다.
   ③ climbing behavior - 벽을 향해 앞발을 물 안팎으로 차올리는, 다소 격렬하게 움직이는 행동이다.
4. 검사 회기(test session) 동안의 행동을 측정하여 집단끼리 비교한다. 혹은 검사전 회기(pretest session) 15분 중 마지막 5분, 검사 회기 5분의 측정치를 비교하여 집단 간 증가양상의 차이를 살펴본다.

주의사항

1. 동물 행동은 두 사람 이상의 훈련된 실험자들이 측정한다.
2. 매 시행마다 깨끗한 물로 바꾼다.
3. 동물을 최초로 물에 빠뜨릴 때에는 동물의 머리까지 물에 빠지지 않도록 살짝 놓는다.
4. 행동수준 자체에 영향을 줄 수 있는 처치를 했을 경우 본 실험상에서 나타난 행동의 변화가 기저행동 수준의 변화 때문인지 혹은 우울관련 행동의 변화 때문인지 해석하는 데 주의를 기울여야 한다. 행동수준이 다를 경우 기저선(baseline)에서의 상대적 변화량을 측정치로 삼는 것이 좋다.

정서기능 검사 2

검사명	Elevated plus maze test (EPM)
실험 목적	본 검사는 동물의 새로운 환경을 탐색하고자 하는 경향과 개방되고 높은 공간에 대해 혐오적 반응을 보이는 경향의 자연적인 갈등 속에서 동물의 정서를 반영하는 행동을 측정할 수 있다. 불안장애를 보이는 동물의 경우 기본 탐색활동의 저하가 나타나고 혐오환경에 보다 민감하게 반응하는 경우가 많으므로, 이 검사를 통해 정서적인 불안에 대한 평가를 할 수 있다. 약물의 금단 증상 연구에서는 동물의 불안수준을 측정하기 위해 사용된다.

실험 장비

정서반응을 측정하는 실험 장비와 시행시간은 실험실마다 다를 수 있으며, 상용화된 장비들도 다양하나 대개 다음과 같은 장비가 필요하다.

1. 60W 전구
2. 십자모양의 아크릴 소재로 만든 미로

   중앙에 7.5cm×7.5cm의 사각의 플랫폼이 있고, 그 플랫폼을 둘러싸고 길이 40cm, 폭 8cm의 네 개의 통로가 십자모양으로 붙어있음. 서로 마주하고 있는 두 개의 통로는 28.5cm 높이의 벽으로 막힌 폐쇄형 공간이고, 나머지 마주하는 두 개의 통로는 동물이 떨어지지 않도록 1cm 높이의 턱이 있는 개방된 공간으로 구성. 바닥에서 50cm 높이에 설치.

실험 절차

1. 동물을 중앙의 플랫폼에서 개방형 통로 쪽을 향하게 하여 놓는다.
2. 개방형 통로와 폐쇄형 통로에 각각 출입한 횟수와 머문 시간을 기록한다.
3. 총 8~10분 동안 실시한다.

주의사항

1. 검사를 시작할 때 동물을 중앙의 플랫폼에서 개방형 통로 쪽을 향해 놓는 것에 주의한다.
2. 한 동물의 검사가 끝난 후에는 다음 동물의 검사를 위해 미로를 에탄올(70%)로 닦는다.
3. 폐쇄형 통로에서 동물이 나오지 않을 수 있으므로 실험실 내외부의 소음과 조명에 유의하여야 한다.

검사명	Conditioned place preference test (CPP)
실험 목적	이 검사는 기본적으로 약물에 의해 생긴 내적 상태(internal cue)를 중성적인 환경적 자극(external cue)과 연합시킨다. 이는 인간에게 있어서 약물 중독 치료 프로그램을 성공적으로 끝내고 사회로 돌아간 후 다시 재발하는 임상사례를 연구하는 데 매우 유용하다.

실험 장비

실험 장비는 실험실에 따라 다양하지만, 대개 다음의 장비가 필요하다.

1. 실험 상자는 동물이 머물 수 있는 두 개의 상자와 두 상자를 연결하는 개폐 가능한 문으로 구성된다.
2. 두 개의 상자는 몇 가지 구별된 단서를 사용하여 차별화시킨다. 예를 들어 한편은 정사각형, 다른 한편은 직사각형이나 삼각형 구조로 만들고, 서로 다른 패턴의 벽지를 사용하거나 질감이 다른 바닥재를 사용할 수도 있다. 통제가 가능하다면 서로 다른 향을 각 상자에 뿌려 후각적 단서를 달리할 수도 있다. 일반적으로 두세 가지의 서로 다른 감각 단서가 사용된다. 주의할 것은 한 가지 단서가 지나치게 두드러지지 않으면서 동물이 두 개의 상자를 분명히 구분할 수 있어야 한다.

실험 절차

1. 사전노출 : 실험동물을 두 개의 상자에 각각 사전 노출시켜 10~15분간 자유롭게 탐색하도록 한다.
2. 약물과 환경을 연합시키는 노출 : 실험동물에게 약물을 처치하고 상자 하나를 선택하여 놓아둔다. 이때 두 상자 사이의 문은 닫혀있으며, 동물을 해당 상자에 놓아두는 시간은 주입한 약물이 동물 체내에 유의미하게 잔존하는 시간과 일치시키는 것이 좋다. 회기를 반복할 경우 각 회기 사이에 24시간의 시간간격을 둔다.
3. 선택 검사(preference test) : 마지막 회기가 끝나고 24시간 후, 선택 검사를 실시한다. 이 때 두 상자 사이의 문은 열려있으며, 각 방에 머무는 시간을 기록하여 전날 약물을 처치했던 방에 머무는 시간 비율을 계산하여 '장소 선택성(place preference)' 척도로 삼는다. 약물 처치 집단과 위약 처치 집단의 장소 선택성을 비교한다.

주의사항

1. 카테터를 통해 약물을 처치할 경우 추가로 30~60초 가량 약물이 확산되는 시간을 둔다.
2. 상자 하나는 약물과, 다른 상자는 위약(saline)과 연합시켜 비교할 수도 있다. 즉 한 회기 동안에는 동물에게 약물을 처치한 후 한쪽 상자에 두고, 다음 회기 동안에는 위약을 처치한 후 반대편 상자에 둔다. 이 경우 각 회기 사이에 24시간의 시간간격을 둔다.

인지기능 검사 2

검사명	Water maze test Ⅰ(hidden platform version)
실험 목적	본 검사는 학습과 기억을 평가할 수 있는 검사로 가장 많이 사용된다. 가장 일관적인 연구결과는 해마 손상 동물이 본 검사의 수행 능력에 결함을 보인다는 것이다. 약물중독의 결과로 나타나는 학습 및 인지 기능 손상을 알아보는 데 유용하며, 특히 암페타민 등의 금단증상(amphetamine withdrawal)으로 생각되는 공간학습 능력의 손상을 연구하는 데 주로 사용된다.

실험 장비

실험 장비는 실험실마다 다를 수 있으며, 상용화된 장비들도 다양하나 대개 다음과 같은 장비가 필요하다.

1. 원형으로 된 swimming pool(rat의 경우 지름 150~180cm, 높이 50cm ; mouse의 경우 사용 가능한 pool의 지름이 85~180cm 까지 다양)
2. swimming pool에 넣을 깊이 25cm, 25±1℃의 물
3. 탈지분유(물을 불투명하게 하여 도피대가 보이는 것을 방지)
4. 지름 10cm, 높이 23~24cm의 나무나 아크릴로 만들어진 도피대
5. 비디오 카메라(pool의 가운데 위에 설치되어 동물의 움직임을 기록)
6. 공간 단서(동물이 플랫폼 위치를 배우게 하기 위한 도구)

실험 절차

1. 훈련 시작 하루 전에 도피대가 없는 swimming pool에서 60초 동안 자유롭게 수영하게 하여 수영하는 상황에 적응시킨다.
2. 훈련이 시작되면 동물을 4사분면 중 한쪽 벽면에 배가 닿도록 하여 동물을 물 안으로 놓아준다.
3. 5일 동안 하루에 3~6trial 씩 물에 잠겨 있는 도피대의 위치를 찾아 올라가도록 훈련시킨다. 각 시행마다 임의의 사분면에서 출발하도록 한다.
4. 동물이 도피대를 찾아 올라갈 때까지의 잠재기(도피잠재기)를 측정하고, 만약 60초 내에 도피대의 위치를 찾아내지 못했다면 동물이 수영하도록 하면서 실험자가 도피대로 인도해 준다.
5. 동물이 도피대에 일단 올라가면 도피대 위에서 30초간 머무르도록 한다.
6. 훈련이 끝난 회기 24시간 후에 probe trial을 시행한다. 즉 도피대 없이 60초 동안 자유 수영을 하게 하여 이전 도피대의 위치에 대한 기억을 보유하고 있는지에 대한 검사를 실시한다.

주의사항

1. 도피대는 수면에서 1~2cm 아래에 두며, 수면 위에서 보이지 않도록 한다.
2. 실험자의 위치도 공간 단서이므로 실험자는 항상 동일한 위치에 있어야 한다.

기타 기능 검사 1

검사명	Self-administration (SA)
실험 목적	약물 자가 투여 동물모델(self-administration animal model)은 약물 중독을 연구하기 위해 가장 널리 쓰이는 동물모델이다. 이 동물모델을 사용하여 중독을 일으키는 약물의 효과를 직접 측정할 수도 있으며, 또한 다양한 행동검사를 수행할 수 있다.

시술

1. 동물을 마취하고 다음과 같은 절차로 정맥 내 카테터(chronic indwelling venous catheters)를 심는다.
2. 카테터는 오른쪽 경정맥에 삽입하는데, 우심방 바로 바깥에 종지하여 정맥 입구 지점 근처의 근육에 고정한다. 카테터의 다른 끝은 피하를 거쳐 테프론 소재의 어깨 고정 장치(shoulder harness)를 거쳐 견갑골 위쪽으로 빠져나온다. 카테터는 다시 약물 공급장치에 연결된다.
3. 필요하다면 시술 직후 카테터의 폐색상태를 점검하기 위해 소량의 마취제(methohexital)를 주입해본다.
4. 시술 후 동물을 사육상자로 돌려보내고 48시간 동안 헤파린을 투여한다.
5. 카테터가 막히지 않도록 매일 혹은 매 회기가 끝날 때마다 헤파린을 주입하며, 약물 혹은 식염수 주입 시 헤파린을 혼합하여 투여할 수도 있다. 매 회기마다 펌프와 카테터 사이의 연결상태를 점검한다.

실험 절차

실험 장비는 실험실마다 혹은 동물에 따라 다를 수 있으며, 상용화된 장비들도 다양하다. 일반적인 실험 장비는 다음과 같다.

1. 실험동물을 두는 조작적 조건화 상자(operant conditioning chamber)안에는 동물이 조작 가능한 두 개의 레버가 있으며 각각의 레버 위에는 자극조명(stimulus light)이 위치한다.
2. 동물의 경정맥에 연결된 카테터(chronic indwelling venous catheters)는 상자의 천장에 위치한 회전 축받이를 거쳐 외부의 약물 공급장치로 연결된다. 실험 전 미리 약물을 채워둔 약물 공급장치는 컴퓨터로 제어되며, 레버장치는 자료수집 및 분석 시스템과 연동된다.
3. 각 상자에는 환풍기를 설치하며, 실험 상자는 다시 방음이 되는 상자에 넣어 외부의 소음으로부터 격리시킨다.

검사 절차

카테터 시술 후 동물이 회복되면 실험에 들어간다. 약물의 종류에 따라 시간당 주입량을 결정하고, 강화계획 (schedule of reinforcement)은 실험자의 필요에 의해 결정한다.

1. 집단을 나누어 실험집단에는 해당약물을, 통제집단에는 위약(saline)을 처치한다.
2. 동물이 레버를 누르는 반응 수를 수집한다. 혹은 조명이나 소리 등을 조건자극(conditioned stimulus : CS)으

로 사용하여 강화계획에 따라 동물이 레버를 누르는 반응을 조건화시키고 CS가 없을 때의 반응을 본다. 혹은 CS와 혐오적 무조건자극(unconditioned stimulus : US)을 조건화시켰을 때의 반응을 본다.

3. 일단 동물이 약물 자가 투여를 시작하면 주입되는 약물량은 매 회기마다 증가시킨다.

강화계획

대개 고정비율계획[Fixed ratio schedule(FR)]을 이용한다. 즉 반응이 고정된 수만큼 일어난 뒤에 강화가 주어지는 것으로, 대개 FR1(즉 각 레버 누르기 반응마다 한 번의 강화가 나오는 것)에서 시작하여, 반응이 확립된 후에는 반응 대 강화비를 늘릴 수 있다(예를 들어 FR1에서 FR3으로). 이 경우 실험자는 강화 후 휴지(postreinforcement pauses)를 포함한 동물의 반응을 면밀하게 고려하고, 과다한 약물이 처치되지 않도록 강화계획을 세워야 한다.

주의사항

1. 실험에 사용되는 소리 이외의 외부잡음을 통제하기 위해 배경잡음을 사용하는데, 백색잡음(70~75dB)을 사용하거나 환풍장치의 소음을 이용할 수 있다.

2. mouse의 경우, 레버 누르기(lever pressing)보다 코로 땅파기(nose poking) 반응을 이용하는 것이 동물에게 있어서 보다 자연스러운 행동이며, 안정적인 반응을 획득하는 데도 용이하다. 이 경우 조건화 상자에 레버 대신 양 벽면에 구멍(nose poking hole)을 마련하고 반응 수를 수집할 수 있는 센서 및 수집장치를 연결한다.

3. 카테터를 시술하기 전에 먹이(food pellet)를 이용하여 조작적 반응을 훈련할 수 있다. 이 경우 동물이 안정적인 반응을 획득하면, 카테터를 시술하고 3일 후부터 약물을 이용한 본 실험에 들어간다.

4. 동물의 혈액응고 장애가 생기지 않도록 카테터 내와 연접부위의 혈액응고를 막기 위해 투여하는 헤파린 양의 조절에 주의한다.

3. 요약

약물 중독의 대상은 모체를 통한 태아에서부터 성인에 이르기까지 다양하며 그 증상 역시 운동, 감각, 정서, 인지적 기능 결손에 광범위하게 걸쳐있다. 약물 자가 투여 동물모델(SA)은 약물 중독에서 가장 널리 쓰이는 동물모델로, SA를 응용하거나 혹은 직접적인 약물 처치를 통해 그 효과를 알아보기 위한 다양한 행동검사들이 있다. 주의해야 할 것은 SA를 적용하기 전에 특정적인 행동검사와 더불어 기본적인 운동 및 감각기능을 측정할 수 있는 행동검사가 선행되어야 한다는 점이다. 감각기능 검사로는 tail flick test, hot plate test가 있으며, 운동기능 검사로는 open field activity test, drug-induced locomotion test 등이 있다. 정서기능 검사로는 forced swim test(FST), elevated plus maze test(EPM)가 있으며, 인지기능 검사로는 conditioned place preference test(CPP), water maze test 등이 있다.

국내 전문가 :

김기원(전북대) keewon@chonbuk.ac.kr

4. 더 읽을거리

Buccafusco, J. J. (2001). *Methods of behavioral analysis in neuroscience*. Boca Raton : CRC Press.

Crawley, J. N. (2000). *What's wrong with my mouse? : Behavioral phenotyping of transgenic and knockout mice*. New York : Wiley-Liss.

Deroche-Gamonet, V., Belin, D., & Piazza, P. V. (2004). Evidence for addiction-like behavior in the rat. *Science, 305,* 1014-1017.

Robinson, T. E. (2004). Neuroscience. Addicted rats. *Science, 305,* 951-953.

Samaha, A. N., Mallet, N., Ferguson, S. M., Gonon, F., & Robinson, T. E. (2004). The rate of cocaine administration alters gene regulation and behavioral plasticity : implications for addiction. *J Neurosci, 24,* 6362-6370.

06

강박장애

1. 도입

강박장애(OCD : obsessive-compulsive disorder)는 반복되는 강박적 사고나 행동이 필수적인 증상으로 나타나며, 이 증상으로 현저한 고통이나 장해를 초래할 만큼 심각한 경우를 말한다. 강박적 사고는 지속적으로 반복되는 관념, 사고, 충동, 또는 심상으로, 이러한 강박적 사고를 억제하기 위해 특정 행동을 강박적으로 반복하는 경향이 있다.

과거에는 비교적 드문 것으로 생각되었지만, 근래의 연구에서는 2.5%의 평생 유병률과 1.5~2.1%의 1년 유병률을 보고하고 있다. 보통은 청소년기나 초기 성인기에 시작되지만, 소아기에도 시작될 수 있다. 발병 연령은 여성보다 남성이 더 빠르다.

생물학적인 발병 원인으로는 serotonin(5-HT)의 감소 혹은 조절장애 때문이라는 serotonin 가설과, dopamine의 활성 과다 때문이라는 dopamine 가설, 그리고 이 두 가지 신경전달물질 모두가 관여한다는 serotonin-dopamine 가설이 있다. 또한 출산 시 두부외상, 측두엽간질, 뇌염, 무도병(chorea) 등에 의한 뇌기능 장애도 원인으로 생각된다.

동물에게서도 인간의 OCD 행동 특징과 유사한 강박행동을 관찰할 수 있는데, 이를테면 확인(checking), 파묻기(burying), 자발적 길바꿈(spontaneous alternation), 물기(biting), 일반화된 고집행동(generalized perseveration) 등이다. 약물주입을 통해 동물에게 이러한 강박행동을 유발한 후 각종 처치를 통해 강박행동의 감소를 살펴볼 수 있다.

OCD의 대표적인 동물모델에는 quinpirole-induced checking 모델, 8-OH-DPAT 투여 모델, compulsive lever-pressing 모델, knockout mouse 모델이 있다. quinpirole-induced checking behavior 모델은 D2/D3 dopamine agonist인 quinpirole을 동물에게 주입하여

OCD의 행동 특징인 강박적 확인행동(compulsive checking behavior)을 유발한다. 8-OH-DPAT 투여 모델은 5-HT1A receptor agonist인 8-OH-DPAT을 설치류에게 주입하여 강박행동을 유발하는 것이다. 즉 8-OH-DPAT를 투여할 경우 설치류의 생득적 특성인 '자발적 길바꿈(spontaneous alternation)' 경향이 감소하여, 같은 길만 계속 고집하는 경향(perseveration)이 관찰된다. compulsive lever-pressing 모델은 다음 절차를 통해 만든다. (i) 조건자극을 먹이와 연합시키는 고전적 조건화를 수행한다. (ii) 음식에 대하여 레버 누르기(lever-pressing) 훈련을 시킨다. 이때 조건자극은 먹이가 나오는 것의 신호가 된다. (iii) 자극과 음식 간의 수반성(contingency)을 감소시키는 소거 시행을 실시한다. (iv) 소거조건 하에서 동물의 레버 누르기 행동을 평가한다. 이때 쥐들은 과도한 레버 누르기(compulsive lever-pressing)를 보인다. knockout mouse 모델에는 D1CT-7 transgenic mouse 모델과 5-HT2C knockout mouse 모델이 있다.

2. 행동검사

1. 감각기능 검사

　① Acoustic startle response test

　② Radiant heat test

　③ Von Frey filaments test

2. 운동기능 검사

　① Open field test

　② Open field test (checking of home base version)

　③ Marble-burying behavior test

　④ Head-dipping habituation test

　⑤ T maze test II (spontaneous alternation version)

3. 인지기능 검사

　① Prepulse inhibition test

감각기능 검사 1

검사명	Acoustic startle response test
실험 목적	본 검사는 감각운동 처리 과정에 대한 일반적인 정보를 제공할 수 있다. 또한 다양한 크기의 소리 (tone)를 들려주고 각각에 대한 놀람 반응을 측정함으로써 청각 능력 및 청각 역치를 측정할 수 있다. 이 검사를 통해 기본적인 감각운동의 처리에 문제가 있는지 평가하며, 다른 검사를 수행하기 위해 필요한 청각 능력 자체에 이상이 있는지 살펴본다.

실험 장비

놀람 반응을 측정하는 실험 장비는 실험실마다 다를 수 있으며, 상용화된 장비들도 다양하나 대개 다음과 같은 장비가 필요하다.

1. 동물을 가볍게 구금할 수 있는 상자
2. 5~1000ms까지 범위의 자극을 일정한 강도로 내보낼 수 있는 자극 통제 시스템
3. 동물의 놀람 반응을 측정할 수 있는 장비와 프로그램 : 동물 움직임의 가속도를 측정할 수 있는 장비, 측정된 데이터를 디지털화시킬 수 있는 프로그램
4. 놀람 반응을 측정하는 개별 장비를 넣을 방음 상자 : 작은 환풍기를 달아 환기가 잘 되도록 해야 하며, 적정 수준의 배경잡음을 제공할 수 있어야 함.
5. 소리를 제공할 수 있는 기기와 스피커

실험 절차

1. 각 검사를 위해 먼저 동물을 5분 동안 구금상자에 넣어 실험 상황에 적응시킨다. 이때 백색잡음을 배경에 넣어준다.
2. 3회의 120dB, 40ms의 놀람 자극을 제시한다. 이 자극에 대한 반응은 분석에 포함시키지 않으나 놀람 자극에 대한 기저선 반응으로 분석할 수도 있다.
3. 동물에게 70~120dB 수준의 소리(40ms duration, 20~60s ITI)를 단계별로 나누어 임의적인 순서로 노출시킨다.
4. 각각의 소리에 대해 동물의 놀람 반응을 측정한다.
5. 총 50회 이상 시행을 실시한다.

주의사항

1. 동물을 구금상자에 넣고 미리 적응시키는 절차가 필요하다. 예를 들어 실험 3일 전부터 20분간(실험 시간) 3일 동안 동물을 구금상자에 적응시킬 수 있다.
2. 백색잡음을 70~75dB로 배경에 깔아주는 것이 필요하며, 실험에 사용되는 소리 이외에 다른 소리가 들리지 않도록 하여 동물이 갑작스런 외부 잡음에 오반응을 하지 않도록 한다.
3. 동물의 반응이 동물 크기에 좌우되므로 rat이 피험동물일 때보다 mouse가 피험동물일 때 더 민감한 장비가 필요하다.

감각기능 검사 2

검사명	Radiant heat test
실험 목적	본 검사는 온도자극에 대한 침해수용성 반응(nociceptive response)을 평가하기 위한 검사이다.

실험 장비

1. 바닥이 유리로 된 투명한 상자(29cm×29cm×30cm)
2. 높은 강도의 열을 내는 램프로 만들어진 복사열 장치(radiant heat source)
3. 동물의 반응을 측정할 수 있는 기록 장치

실험 절차

1. 동물을 유리 바닥이 있는 투명한 박스에 놓는다.
2. 스트레스로 유발되는 무통(analgesia)을 막기 위해서 테스트 전에 약 15분 동안 새로운 환경에 사전 노출시킨다.
3. 복사열 장치를 한쪽 뒷발이 있는 유리 바닥 밑에 위치시킨다.
4. 다음을 측정하여 기록한다.
    ① withdrawal(WL) : 열 자극 제시 후 뒷발을 오므리는 데 걸리는 시간
    ② elevation time(ET) : 뒷발을 들어올린 후 다른 발로 교체할 때까지의 시간
5. 쥐가 15초 이내에 반응하는 데 실패하면 조직손상을 방지하기 위해 시행을 종료한다. 왼발과 오른발 간의 차이를 검사하기 위해서는 양쪽 위치를 무작위적으로 총 6번 시행한다. 시행 간 간격은 5분이다.

주의사항

바닥에 남은 열이 다음 테스트에 영향을 줄 수 있으므로, 검사 시행 사이에는 동물을 다른 장소로 옮겨놓고 남은 열이 충분히 식은 후에 다음 시행을 실시한다.

감각기능 검사 3

검사명	Von Frey filaments test
실험 목적	본 검사는 촉각 압력 역치 테스트(tactile pressure threshold test)로 filament의 기계적(mechanical) 자극에 대한 쥐의 반응을 평가하여 수치화한다. 8-OH-DPAT(5-HT agonist)를 투여한 OCD 동물모델에서 감각운동기능(sensorimotor functioning)을 평가하기 위해 사용한다.

실험 장비

1. 발바닥에 필라멘트가 쉽게 닿을 수 있도록 그물로 만들어진 격자 받침의 아크릴 상자
2. 폰프라이 필라멘트(von Frey filaments : 플라스틱 섬유) 세트
3. 가해지는 압력을 측정할 수 있는 장비

실험 절차

1. 동물을 아크릴 상자에 집어 넣고, 폰프라이 필라멘트로 양쪽 뒷발의 발바닥 가운데를 찌른다.
2. 압력을 서서히 증가시켜서 철수 역치를 측정한다. 철수 역치에 이르면 동물이 발을 치우거나, 발을 들고 발바닥을 핥거나, 특정 주파수의 소리를 낸다(vocalization).
3. 폰프라이 필라멘트를 굵기에 따라 차례로 사용하여 같은 방법으로 검사한다.
4. 철수 역치는 3회 시행하여 그 중 2회에서 철수 반응이 일어나는 크기의 폰프라이 필라멘트 자극으로 정의한다. 시행 간 간격은 10초 이상을 주어 가해진 압력의 평균을 구한다.

주의사항

좌우 발바닥 검사를 하는 순서에 따라서 결과가 많이 달라지기 때문에, 신뢰로운 측정을 위해서 왼쪽 발부터 검사한다.

운동기능 검사 1

검사명	Open field test
실험 목적	본 검사는 일반적인 보행활동수준을 알아보는 데 가장 흔히 사용된다. 동물의 행동양상과 특성을 직접 관찰하여 동물의 활동성, 정서성, 행동패턴 등을 측정할 수 있다. OCD 동물모델의 일반적인 운동활동수준과 정서성을 평가하기 위하여 본 검사를 실시한다.

실험 장비

전형적인 open field 검사는 동물이 움직이기 충분한 사각형 모양의 개방된 상자(rat의 경우 77cm×77cm×25cm, mouse의 경우 40cm×40cm×27cm의 나무 혹은 아크릴 상자)에서 이루어진다.

1. 개방장 전체를 주변부와 중심부로 구분
2. 비디오 모니터와 컴퓨터 트랙킹 : 중심부와 주변부 움직임 측정

실험 절차

1. 검사하기 30분 전에 동물을 행동 검사실에 미리 적응시킨다.
2. 동물을 출발상자에서 60초간 적응시킨 후 출발상자의 문을 열어 출발시킨다.
3. 상자에서의 행동은 보통 10~20분 동안 미리 정해둔 시간만큼 기록하며, 측정치들은 다음과 같다.
   ① 출발 잠재기(start latency, 제한시간 60초)
   ② 중심부에서의 활동(컴퓨터 트랙킹 혹은 관찰자가 측정)
   ③ 주변부에서의 활동(컴퓨터 트랙킹 혹은 관찰자가 측정)
   ④ 앞발 들기(rearing)
   ⑤ 몸치장(grooming)
   ⑥ 대변, 소변

주의사항

이전 실험동물의 대소변이 이후 실험동물에게 후각 단서로 작용하여 행동에 영향을 주는 것을 막기 위해 검사 후 상자를 에탄올(70%)로 잘 닦아주어야 한다.

운동기능 검사 2

검사명	Open field test (checking of home base version)
실험 목적	본 검사는 기존의 open field test를 응용한 것으로, 동물을 특정 실험 환경(활동 영역에 여러 개의 물건을 제시)에 노출시켜 강박적 확인행동양상을 살펴보는 것이다.

실험 장비

동물에 따라 실험 상자의 크기는 다소 나르지만, rat의 경우 다음과 같다.

1. 개방장(160cm×160cm×6cm) – 동물의 위치를 확인하기 위해 바닥을 25개 구역으로 나누어 표시한다.
2. 네 개의 작은 아크릴 상자(8cm×8cm×7.5cm) – 두 개는 1번 개방장의 구석에, 두 개는 중앙부에 놓는다. 작은 상자들의 각 위치는 실험하는 동안 고정된다.
3. 동물의 행동을 측정하기 위한 기록 장치(video recorder)와 추적 장치(tracker)

실험 절차

1. 적응 시행 : 동물을 개방장에 놓고 60분 동안 녹화하면서 관찰한다.
2. 동물의 강박행동을 평가하는 기준은 다음과 같다. ① 특정 물건 혹은 장소로 매우 자주 되돌아온다. ② 다른 물건/장소에 비해 선택된 물건/장소로 훨씬 빨리 되돌아온다. ③ 되돌아올 때까지 다른 곳을 거의 거치지 않는다. ④ 선택된 물건/장소에 대해 특정한 행동양상을 보인다. ⑤ 물건/장소의 환경적 속성이 달라지면 행동 역시 달라진다.
3. 상기 기준에 따른 구체적인 측정치는 다음과 같다.
   ① 이동 거리(distance traveled)
   ② 각 구역에서 멈춘 횟수(frequency of stops)
   ③ 각 구역으로 회귀하는 데 걸리는 평균 시간(mean duration of return times to place)
   ④ 각 구역에서 평균적으로 머문 시간(mean stop bout duration)
   ⑤ 각 구역에 방문한 총 시간(total duration of stops)
   ⑥ 구역들을 방문한 순서(sequences of visits), home base로 회귀할 때까지 방문했던 구역의 수
      *home base – 가장 오래 머물렀던 구역(즉 5번 점수가 가장 높은 구역)

주의사항

1. 각 시행 간 실험 장비들을 청결하게 하여 다음 동물의 수행에 영향이 없도록 한다.
2. quinprirole(D2/D3 dopamine agonist)을 처치하면 OCD의 행동 특징인 강박적 확인행동(compulsive checking behavior)을 보인다고 알려져 있다. 특히 개방장에 친숙한 환경(사육상자)과 새로운 환경(새로운 실험 상자)을 제시하고 확인행동의 양상을 살펴보는 경우, 친숙한 환경이 제시되면 강박행동이 감소한다는 연구결과가 있다.

운동기능 검사 3

검사명	Marble-burying behavior test
실험 목적	과다하게 구슬을 묻는 행동(marble-burying behavior)은 OCD의 동물모델을 평정하는 척도로 널리 사용되며, 특히 OCD 치료제의 효능을 검증하기 위해 사용된다.

실험 장비

동물에 따라 실험 상자의 크기는 달라질 수 있으나 mouse의 경우 다음과 같다.

1. 투명 아크릴 상자(30cm×30cm×28cm)
2. 유리구슬 25개(직경 1.5cm)
3. 아크릴 상자 바닥을 5cm 깊이로 덮을 수 있는 톱밥

실험 절차

1. 아크릴 상자에 5cm 깊이의 톱밥을 깔고, 그 위에 깨끗한 유리구슬 25개를 균등하게 얹어 놓는다.
2. 1과 같이 준비된 상자에 동물을 넣는다.
3. 먹이나 물은 제공하지 않는다.
4. 30분 동안 동물이 톱밥에 묻은 구슬의 수를 센다. 이 때 구슬은 적어도 2/3깊이 이상으로 묻혀야 한다.

주의사항

1. 구슬을 많이 사용할 경우는 실험 시간을 늘린다.
2. 동물의 보행활동(locomotor activity)을 동시에 측정할 수 있다.
3. 인간의 OCD 치료제로 널리 사용되는 SSRI는 보행활동(locomotor activity)에 영향을 주지 않으면서도 과다하게 구슬 묻는 행동(marble-burying behavior)을 억제하며, 이 억제 기제에는 5-HT1A 수용기가 관여한다는 연구결과가 있다.

운동기능 검사 4

검사명	Head – dipping habituation test
실험 목적	본 검사는 동물에게서 OCD의 행동 특징인 반복적 행동(perseveration)을 관찰하기 위해 고안된 검사이다.

실험 장비

1. 위쪽이 뚫려있는 박스(높이 20cm)
2. 중앙에 지름 3.3cm의 구멍이 뚫려 있는 아크릴 판(30cm×30cm) 1의 박스 위에 2의 아크릴 판을 올려놓는다.
3. 기록용 장치(camera, video recorder 등)

실험 절차

1. 동물을 아크릴 판 위에 올려놓는다.
2. 동물이 아크릴 판 가운데 뚫린 구멍으로 머리를 박는 행동(head-dipping behavior)을 관찰한다. 'head-dipping'은 머리를 구멍으로 향하고 두 눈이 아크릴 판의 표면 아래로 내려간 상태로 정의한다.
3. 하루 3시행씩, 3일 연속으로 검사를 실시한다. 시행 간 간격(ITI)은 1시간으로 하며, 한 시행은 총 10분간 실시한다.
4. 숙련된 관찰자가 머리를 박는 행동의 빈도수(head dips)의 수를 측정한다.
5. 비디오 카메라로 기록하여 분석에 이용한다.

주의사항

1. 각 시행 간 아크릴 판을 청결하게 하여 다음 동물이 영향을 받지 않도록 한다.
2. 검사 중 동물이 아크릴 판에서 떨어진 경우 데이터에서 제외한다.
3. 본 검사와 관련하여, serotonin 수용기에 문제가 있는 동물(5-HT2C receptor KO mice)들은 구멍에 머리를 박는 행동을 되풀이하는 경향이 있으며(perseveration of head-dipping behavior), 시간이 지나도 행동의 빈도수가 크게 감소하지 않는다(slower habituation).

운동기능 검사 5

검사명	T maze test II (spontaneous alternation version)
실험 목적	본 검사는 동물의 고집행동(perseverative behavior) 양상을 확인하여 OCD 동물모델의 행동을 평정하고 OCD 치료제의 효능을 검증하기 위해 고안된 검사이다.

실험 장비

1. T자 모양의 미로 - 총 세 개의 통로(왼쪽, 오른쪽, 중앙부)가 있으며 각 통로 입구는 실험자가 동물의 출입을 통제할 수 있도록 칸막이가 설치되어 있다. 미로의 각 통로 크기는 다양하지만 대개 rat의 경우 40cm×20cm×19cm이고, mouse의 경우 35cm×7cm×14cm이다.

2. 초시계

실험 절차

spontaneous alternation

1. 동물을 훈련 3일 전부터 동물을 하루에 적어도 5분씩 미로에 적응시킨다.
2. 첫 시행에서는 출발상자에 1분간 적응시킨다.
3. 적응 시간이 끝나면 동물을 출발시켜 T maze의 양쪽 통로 중 한쪽을 선택하면 시행을 끝낸다. 이때 동물의 사지가 통로 입구를 통과하면 동물이 들어간 것으로 간주한다.
4. 다음 시행을 위해 다시 동물을 출발상자로 옮긴 후 자유롭게 통로를 선택하도록 한다.
5. 매 시행의 제한시간(cut-off time)은 60초로 한다.
6. 동물이 바로 이전에 들어갔던 통로에 들어가면 0점, 반대편 통로에 들어가면 1점을 부여한다.

주의사항

1. 설치류는 T-maze에서 양쪽 통로가 똑같은 조건일 때 임의의 한쪽 통로를 선택한 후에, 다음 번에는 반대편 통로로 바꾸어 선택하는(spontaneous alternation) 선천적 경향이 있다. 특정 약물(8-OH-DPAT, quinpirole)을 주입하면 이러한 경향이 손상되어 인간의 강박적 행동과 유사하게 미로의 한쪽 통로만 고집하는 양상(perseverative choice)을 보인다. 또한 약물 주입에 의해 유도된 OCD 동물모델에 OCD 치료제(예를 들어 clomipramine, fluoxetine 등)를 투여하면 이러한 양상이 완화된다는 결과가 있다.
2. 동물의 움직임 수준을 높이기 위해 하루 정도의 먹이 박탈을 실시할 수 있다.
3. 시행 사이에는 각 통로를 에탄올(70%)로 깨끗이 닦아준다.

인지기능 검사 1

검사명	Prepulse inhibition test
실험 목적	본 검사는 감각운동 연합에 대한 신경생리학적, 행동적 측정방법이다. OCD 동물모델의 주의력 결핍 양상을 검사한다.

실험 장비

prepulse inhibition 반응을 측정하는 실험 장비는 acoustic startle response test와 동일한 것을 사용한다.

1. 동물을 가볍게 구금할 수 있는 상자
2. 5~1000ms까지 범위의 소리자극을 일정한 강도로 내보낼 수 있는 자극 통제 시스템
3. 동물의 움직임을 측정할 수 있는 장비, 측정된 자료를 디지털화시킬 수 있는 프로그램
4. 개별 장비를 넣을 isolation chamber : 작은 환풍기를 달아 환기가 잘 되도록 해야 하며 적정 수준의 배경잡음을 제공할 수 있어야 함.
5. 소리를 제공할 수 있는 기기와 스피커

실험 절차

1. 각 검사를 위해 먼저 동물을 5분 동안 플라스틱 구금상자에 넣어 실험 상황에 적응시킨다. 이때 백색잡음(70dB)을 배경에 넣어준다.
2. 자극에 과도하게 반응할 수 있으므로 3회의 120dB, 40ms의 startle stimulus(SS)를 제시하여 동물을 적응시킨다. 이 자극에 대한 반응은 분석에 포함시키지 않으나, SS에 대한 기저선 반응으로 분석할 수 있다.
3. 60번의 시행을 실시한다. 각각의 시행은 120dB 소리만 임의로 나오는 상황, prepulse(PP ; 85dB)만 제시되는 상황, 아무런 자극도 나오지 않는 상황, PP 제시 후 20ms 지연되게 SS가 나오는 상황으로 이루어진다. 모든 자극 간 간격은 평균적으로 15s이다.
4. 각각의 소리에 대해 동물의 놀람 반응을 측정한다. SS만 제시된 상황과 PP와 SS가 연이어 나오는 상황 간의 반응 비율을 비교하여 자료를 분석한다.
5. % PPI = { 1 - (PP+SS)/SS } ×100

주의사항

1. 동물을 구금상자에 넣고 미리 적응시키는 절차가 필요하다. 예를 들어 실험 3일 전부터 매일 20분간(실험 시간과 동일한 시간 동안) 동안 동물을 구금상자에 적응시킬 수 있다.
2. 배경자극으로는 백색잡음 70~75dB 제시하며, 실험에 사용되는 소리 이외에 다른 소리가 들리지 않도록 하여 동물이 갑작스런 외부 잡음에 오반응을 하지 않도록 한다.
3. 동물의 반응이 동물 크기에 좌우되므로 피험동물이 mouse일 때 rat에 비해 더 민감한 장비가 필요하다.

3. 요약

강박장애는 강박적 사고나 강박행동이 반복되며, 이러한 증상으로 현저한 고통이나 장애를 초래할 만큼 심각한 경우를 말한다. 생물학적 발병원인으로 가장 잘 알려져 있는 것은 serotonin 감소 내지 조절장애 때문이라는 serotonin 가설과 dopamine 의 활성 과잉 때문이라는 dopamine 가설, 그리고 이 두 가지 신경전달물질 모두가 관여한다는 serotonin-dopamine 가설이 있다. 이러한 가설들을 바탕으로 지금까지 개발되고 알려진 OCD 동물모델에는 quinpirole(D2/D3 dopamine agonist)-induced checking 모델, 8-OH-DPAT(serotonin agonist) 투여 모델, compulsive lever-pressing 모델, D1CT-7 transgenic mice 모델, 5-HT2C 수용기 knockout mouse 모델 등이 있다.

OCD 환자에게서 나타나는 임상적 특징은 강박적 사고나 강박행동의 반복으로, 이러한 증상들을 모사하여 동물모델이 고안되었으며 동물의 강박행동을 직·간접적으로 측정할 수 있는 행동검사 기법들이 개발되었다. OCD 동물모델에서 감각운동기능을 평가하기 위해 radiant heat test와 von Frey filaments test를 실시하며, 동물의 강박행동을 확인하기 위해서 open field test (home base checking version), marble-burying behavior test, head-dipping habituation test, T maze (spontaneous alternation version) test 등을 실시한다. 또한 OCD가 주의력에 미치는 영향을 살펴보기 위해 prepulse inhibition test를 실시할 수 있다. 한편 prepulse inhibition 측정 이전에 기본적인 청각 기능을 평가하기 위해서 acoustic startle response test가 필요하며, 동물의 일반적인 보행활동을 관찰하고 정서성을 평가하기 위해 open field test를 실시한다.

OCD 동물모델을 평가하고 OCD의 치료제로 제안되는 약물들의 효능을 평가하기 위한 행동검사 방법은 비교적 적은 편이므로 앞으로 OCD를 위한 행동검사 개발이 필요하다.

국내 전문가 :
권준수(서울대) kwonjs@plaza.snu.ac.kr

4. 더 읽을거리

Demeulemeester, H., Feys, H., Goris, I., Zwaenepoel, I., de Weerdt, W., de Sutter, P., et al. (2001). Effect of the serotonin agonist 8-OH-DPAT on the sensorimotor system of the rat. *Pharmacol Biochem Behav, 70*, 95-103.

Skalisz, L. L., Beijamini, V., & Andreatini, R. (2004). Effect of Hypericum perforatum on marble-burying by mice. *Phytother Res, 18*, 399-402.

Szechtman, H., Eckert, M. J., Tse, W. S., Boersma, J. T., Bonura, C. A., McClelland, J. Z., et al. (2001). Compulsive checking behavior of quinpirole-sensitized rats as an animal model of Obsessive-Compulsive Disorder(OCD) : form and control. *BMC Neurosci, 2*, 4.

Szechtman, H., Sulis, W., & Eilam, D. (1998). Quinpirole induces compulsive checking behavior in rats : a potential animal model of obsessive-compulsive disorder (OCD). *Behav Neurosci, 112*, 1475-1485.

Whishaw, I. Q., & Kolb, B. (2005). *The behavior of the laboratory rat : Handbook with tests*. New York : Oxford University Press.

07

통증

1. 도입

국제통증학회(IASP : International Association for the Study of Pain)는 인간에서의 통증(pain)을 '실제적 혹은 잠재적 조직 손상과 관련된 감각 및 정서상의 불쾌경험'으로 정의한다.

동물에서의 통증은 혐오적인 감각경험으로, 이로 인해 스스로를 보호하려는 행동이 나타나고, 회피학습이 이루어지며, 나아가 사회적 행동을 포함하여 종 특유 행동 특질을 변화시킬 수도 있다. 실제로 조직 손상이 없을 수도 있지만 충분히 위협적이라는 점을 동물이 자각하고 그 위험을 피하거나 감소시키기 위해 혹은 재위협의 가능성을 감소시키고 이후 회복하기 위한 방향으로 생리적, 행동적 상태를 변화시킨다.

통증은 여러 범주로 나눌 수 있는데, 가장 일반적인 분류는 ① physiological pain(nociceptive pain) : 해로운 자극(noxious stimuli)로부터의 보호기제로 척수 반사를 비롯하여 더 이상의 손상을 최소화하기 위해 동물의 행동을 조절하고 침해수용기(nociceptors)의 직접적인 활동과 관련된다. 열, 산성, 물리적인 힘으로 활성화되며 다양한 종류의 ion-channel이 관련되는데, vanilloid receptor와 capsaicin에 민감한 ion-channel이 포함된다. ② inflammatory pain : 조직 손상 및 염증 때문에 생긴 장기적이고 해로운 현상이다. bradykinin, prostaglandins에 의해서 유발된다. 특히 bradykinin B1 receptor-, B2 receptor- knockout mouse 연구를 통해서 bradykinin이 통증의 중요한 매개물임을 확인할 수 있다. ③ neuropathic pain : 신경계 손상에서 비롯되는 통증이다.

physiological pain, inflammatory pain의 경우, 통증에 대한 역치가 낮아져서 무해한 자극도 고통스럽게 느낄 수 있고(allodynia), 통증자극이 더 크게 지각될 수도 있다(hyperalgesia). 이러한 통증은 손상이 치유되면 사라진다. neuropathic pain은 체감각 경로 절제를 통해서 유발된다. 한편 통증이 어디에서 비롯되었는가에 따라서 somatic pain(뼈, 조직), visceral pain(내장기관), neuropathic pain(신경계)로 나눌 수도 있다.

통증의 행동모델은 다음과 같은 요구사항이 충족되어야 한다. ① 특이성 : 타고난 혹은 학습으로 습득된 행동이 아니라, 고통스러운 자극에 의해 나타나는 행동이어야 한다. ② 민감성 : 자극에 대한 반응은 자극의 강도에 따라서 달라지므로, 행동평정 모델은 작은 반응도 감지할 수 있게 민감해야 한다. ③ 타당성 : 다른 자극이 아니라 처치한 자극에만 반응이 나타나야 한다. ④ 신뢰성 : 자극에 대해서 동물이 일관적인 반응을 보여야 한다. ⑤ 재현성 : 동일한 실험에 의해 유사한 실험결과가 도출되어야 한다.

동물에게 통증을 유발하는 모델은 다음과 같다. 이질통(allodynia) 모델에서는 위 꼬리신경줄기(superior caudal trunk)의 중간인 제3, 4척수신경 사이를 절단(unilateral transsection)여 무해한 자극에도 통증을 느끼는 이질통을 유발한다. 두 번째는 무통(analgesia/antinociception) 모델로, capsaicin을 출생 후 48시간 내에 피하에 주입하게 되면 C fiber 혹은 Aδ fiber가 변성(degeneration)되어 통증에 대한 지각이 감소하게 된다. 성장한 쥐에게 아편계 약물을 사용하여도 유사한 결과가 유발된다. 세 번째 방법은 alkyl phenol 유도체인 propofol을 외측 뇌실에 주입하는 방법으로, GABAA 수용기에 영향을 미쳐 부분적으로 척수보다 상부(supraspinal) 수준에서는 통각과민(hyperalgesia)을 유발하고, 척수(spinal cord) 수준에서는 무통(analgesia)을 유발한다. 동물의 내부 장기에 통증을 유발한 후 행동을 관찰하는 방법도 있다. 이 경우 내부 장기에 turpentine, mustard oil, croton oil과 같은 자극적인 약물을 주입하거나(irritant chemical injection), 내부 장기에 풍선을 심고 부풀림으로써(distention of hollow organ) 통증을 유발한다.

2. 행동검사

1. 감각기능 검사
① Tail-flick test
② Hot plate test
③ Cold plate test
④ Von Frey filaments test
⑤ Pinprick test
⑥ Formalin test

2. 운동기능 검사
① Open field test

감각기능 검사 1

검사명	Tail - flick test
실험 목적	본 검사는 피부에 온도 자극을 줌으로써 꼬리를 치우는 반응(tail-flick)을 측정한다. 이 검사 방법은 꼬리를 발열체나 뜨거운 물로 자극하여 꼬리를 치우는 반응을 보이는 데 걸리는 시간을 기록하는 것으로, 정상적으로 통증을 느끼는지 검사할 수 있다.

실험 장비

가열장치의 발열부분에 꼬리의 일부분을 올려놓고 열을 주어 동물이 꼬리를 치우는 반응(tail-flick)을 할 때까지의 시간을 측정한다. 발열부분의 온도는 45~60℃로 다양하게 설정한다.

1. 동물을 가볍게 구금할 수 있는 상자
2. 온도 조절이 가능한 가열장치가 포함되어 있어 동물의 tail-flick 반사를 측정할 수 있는 장비와 프로그램
3. 가열장치
4. 꼬리의 움직임을 측정할 수 있는 장비
5. 측정된 데이터를 디지털화시킬 수 있는 프로그램
6. 수동 혹은 자동 초시계

실험 절차(rat의 경우)

1. 각 검사를 위해서 먼저 동물을 5분 동안 플라스틱 구금상자에 넣어 실험 상황에 적응시킨다.
2. 동물 꼬리의 끝에서 약 15mm되는 지점을 발열부분에 놓는다.
3. 가열장치를 작동시키고 동물이 꼬리를 치울 때까지의 시간을 측정한다.
4. 조직의 손상을 막기 위해서 18초를 제한시간(cut-off time)으로 정하고, 총 3회 시행한다.

주의사항

1. 동물을 구금상자에 넣고 미리 적응시키는 절차가 필요하다.
2. 정상 동물의 기저선 반응(baseline response)을 측정하는 것이 필요하다(rat의 경우 15초 동안 45℃까지 온도를 서서히 올리면서 동물이 처음 꼬리를 치울 때까지의 시간을 측정한다).
3. tail-flick은 척수 반사로, 이는 척수의 윗부분을 절단해도 지속적으로 짧은 시간 동안 tail-flick이 일어나는 것으로 알 수 있다.

감각기능 검사 2

검사명	Hot plate test
실험 목적	중추 및 말초 신경계의 반사반응을 측정하기 위해 필요한 검사이다. 주로 통증연구와 관련하여 약물이나 유전자 조작 등의 처치에 의해 유발되는 통각감퇴(hypoalgesia) 혹은 무통(analgesia) 및 항통각(anti-nociception)의 유발효과를 측정하는 데 사용된다.

실험 장비

실험 장비는 동물에 따라 혹은 실험실마다 다를 수 있으나 대개 다음과 같다.
1. 동물이 네 발을 올려놓을 수 있는 정도의 크기의 온도 조절이 가능한 금속판
2. 금속판에 연결된 온도 조절장치
3. 동물이 금속판 밖으로 나가거나 튀어 오르는 것을 방지할 수 있는 높이의 투명한 아크릴 담벽
4. 시간을 측정하기 위한 초시계

실험 절차

1. 52~55℃ 온도의 금속판 위에 동물을 올려놓는다.
2. 동물의 네 발이 모두 금속판 위에 닿은 순간부터 기록을 시작한다.
3. 동물이 뒷발을 들어 핥을 때까지의 시간을 기록한다.
4. 30초가 되도록 동물이 반응을 하지 않으면 동물을 금속판에서 치운다.
5. 시행을 반복할 경우, 적어도 1분의 시행 간 간격을 둔다.

주의사항

1. 동물이 튀어 오르거나(jumping) 소리를 내는 것(vocalization)도 측정치로 삼는다.
2. 온도는 동물 및 실험 처치에 따라 실험자가 결정하되 한배동물로 구성된 통제집단의 반응을 결정기준으로 삼으며, 한배동물을 사용하기 어려운 경우에는 주령 및 몸무게가 동일한 동물로 통제집단을 구성한다. 동물이 몸무게가 많이 나가고 주령이 오래될수록 동물이 반응을 할 때까지의 시간(latency)이 길어지는 경향이 있다.
3. 반응을 하지 않는 동물을 금속판에서 치우는 시간(cut-off time)은 동물 및 실험 처치에 따라 실험자가 결정하되, 열에 의한 동물의 피부조직 손상이 없도록 주의한다.
4. 발을 핥는 반응과 도약반응(jumping)은 모두 척수보다 상부(supraspinal) 수준의 반응이다.
5. mouse의 경우 뒷발을 핥는 행동이 전형적으로 나오지만, rat의 경우에는 좀더 복잡한 행동, 즉 코를 킁킁거리거나, 앞발이나 뒷발을 핥거나, 앞발을 들고 서거나, 발을 구르는 등의 행동이 동반된다.

감각기능 검사 3

검사명	Cold plate test
실험 목적	중추 및 말초 신경계의 반사반응을 측정하기 위해 필요한 검사이다. 약물이나 유전자 조작 등의 처치에 의해 유발되는 통각감퇴(hypoalgesia) 혹은 무통(analgesia) 및 항통각(anti-nociception)의 유발효과를 측정하는 데 사용된다. 특히 염증성 통증(inflammatory pain) 연구에서 열이나 기타 자극에 의해서는 비교적 둔감한 통증에도 예민한 반응을 획득할 수 있는 검사로 알려져 있다.

실험 장비

동물에 따라 혹은 실험실마다 다를 수 있으나 대개 다음과 같다.
1. 동물이 네 발을 올려놓을 수 있는 정도의 크기의 온도 조절이 가능한 금속판
2. 금속판에 연결된 냉각장치
3. 동물이 금속판 밖으로 나가거나 튀어 오르는 것을 방지할 수 있는 높이의 투명한 아크릴 담벽
4. 시간을 측정하기 위한 초시계

실험 절차

1. $4\pm1℃$ 온도의 금속판 위에 동물의 네 발이 모두 닿도록 올려놓는다.
2. 일정 시간이 지나면 동물이 낮은 온도에 반응하여 처치를 받은 뒷발과 모의 시술(sham operation)을 받은 뒷발을 번갈아 드는데, 이때 각 뒷발을 든 횟수를 5분간 기록한다.
3. 5분이 되면 동물을 금속판에서 치우고, 각 시행 사이에는 적어도 10분의 시간간격을 둔다.

주의사항

1. 낯선 환경에 대한 오반응을 막기 위해 상온의 금속판에서 동물을 5분간 적응시킨다.
2. 온도는 동물 및 실험 처치에 따라 실험자가 결정하되, 한배동물로 구성된 통제집단의 반응을 결정기준으로 삼으며, 한배동물을 사용하기 어려운 경우에는 주령 및 몸무게가 동일한 동물로 통제집단을 구성한다.
3. 뒷발을 드는 횟수를 측정할 때, 몸을 움직이기 위해서 발을 드는 것은 측정에서 제외한다.

감각기능 검사 4

검사명	Von Frey filaments test
실험 목적	본 검사는 통증의 역치를 측정하는 것으로, 통증 모델에서는 이질통(allodynia)을 유발한 동물이 얼마나 통증에 민감하게 반응하는지를 보여준다.

실험 장비

1. 발바닥에 필라멘트가 쉽게 닿을 수 있도록 그물로 만들어진 격자 받침의 아크릴 상자
2. 폰프라이 필라멘트(Von Frey filaments : 플라스틱 섬유) 세트
3. 가해지는 압력을 측정할 수 있는 장비

실험 절차

1. 동물을 아크릴 상자에 집어넣고, 폰프라이 필라멘트로 양쪽 뒷발의 발바닥 가운데를 찌른다.
2. 압력을 서서히 증가시켜서 철수 역치를 측정한다. 철수 역치에 이르면 동물이 발을 치우거나, 발을 들고 발바닥을 핥거나, 특정 주파수의 소리를 낸다(vocalization).
3. 폰프라이 필라멘트를 굵기에 따라 차례로 사용하여 같은 방법으로 검사한다.
4. 철수 역치는 3회 시행하여 그 중 2회에서 철수 반응이 일어나는 크기의 폰프라이 필라멘트 자극으로 정의한다. 시행 간 간격은 10초 이상을 주어 가해진 압력의 평균을 구한다.

주의사항

좌우 발바닥 검사를 하는 순서에 따라서 결과가 많이 달라지기 때문에, 신뢰로운 측정을 위해서 왼쪽 발부터 검사한다.

감각기능 검사 5

검사명	Pinprick test
실험 목적	본 검사는 동물의 발바닥에 통증을 유발할 수 있는 기계적인 자극을 주고 발을 치우는 시간을 비교하여, 동물이 통증에 얼마나 민감하게 반응하는지를 보여준다.

실험 장비

1. 발바닥에 핀이 쉽게 닿을 수 있도록 그물로 만들어진 격자 받침의 아크릴 상자
2. 발바닥에 통증을 유발할 수 있는 핀
3. 초시계

실험 절차

1. 아크릴 상자에 동물을 집어넣고, 발바닥을 핀으로 눌러서 정상적인 동물이 발바닥을 치울 정도의 충분한 자극을 가한다.
2. 발을 치우는 시간을 기록한다.
3. 조직 손상을 방지하기 위해서 20초의 제한시간(cut-off time)을 둔다.

주의사항

1. 정상 동물의 경우 철수 반사를 일으키지만 조직을 손상시키지 않는 정도의 강도로 찌른다.
2. 정상적인 뒷발의 경우 철수 반사가 매우 빠르게 일어나므로 시간을 정확히 측정하기 어렵다. 그러므로 정상적인 뒷발을 자극하는 시행을 여러 번 하여 뒷발을 치우는 데 걸리는 최소 시간을 어림잡아 정해놓는다. SD rat의 경우 약 0.5초이다.

Fig 17. Pinprick test

그물로 된 격자 받침이 있는 아크릴 상자에 동물을 집어넣고, 발바닥을 핀으로 찔러서 발을 치우는 데까지 걸리는 시간을 기록한다.

감각기능 검사 6

검사명	Formalin test
실험 목적	본 검사는 동물의 발등에 formalin을 주입하고 통증을 느끼는지 검사하는 방법이다. 동물에게 formalin을 주입하면 발을 오므리고, 핥거나 무는 등의 몇 가지 특징적인 행동들이 관찰된다. 이러한 행동들을 토대로 통증 정도를 평정한다.

실험 장비

1. 동물의 행동을 관찰할 수 있는 투명한 아크릴 상자
2. 2.0%(or 1.0%) formalin
3. formalin을 주입할 주사기

실험 절차

1. 동물의 앞발이나 뒷발의 배측에 formalin을 주입한다.
2. 주입 직후 동물을 아크릴 상자에 넣고 1, 5, 10, 20, 30, 40, 50, 60분 후에 pain score를 평정한다.
3. pain score
   ① 0 : 정상적인 자세
   ② 1 : 땅에 발을 대고는 있지만, 몸을 지지하지 못하는 자세
   ③ 2 : 발을 단순히 들고 있는 자세
   ④ 3 : 발을 핥거나 문지르거나 흔들고 있는 자세

주의사항

1. 주입하는 formalin의 양은 $20 \sim 100 \mu l$로 논문마다 다양하다.
2. 포르말린에 의해 통증을 느끼는 기작은 초기에는 말초신경 자극에 의한 c-fibre 활성화, 후기에는 NMDA 수용기 활성화와 관련된 척수의 과흥분성에 의한 것으로 생각된다. 그러므로 포르말린 테스트는 acute pain과 tonic pain을 한 동물 내에서 측정할 수 있는 유용한 검사이다.

검사명	Open field test
실험 목적	본 검사는 동물의 일반적인 보행활동수준을 알아보는 데 가장 흔히 사용되는 검사이다. 동물의 행동 양상과 특성을 직접 관찰하여 동물의 활동성, 정서성, 행동패턴 등을 측정할 수 있다.

실험 장비

전형적인 open field 검사는 동물이 움직이기 충분한 사각형 모양의 개방된 상자(rat의 경우 77cm×77cm×25cm, mouse의 경우 40cm×40cm×27cm의 나무 혹은 아크릴 상자)에서 이루어진다.
1. 개방장 전체를 주변부와 중심부로 구분
2. 비디오 모니터와 컴퓨터 트랙킹 : 중심부와 주변부 움직임 측정

실험 절차

1. 검사하기 30분 전에 동물을 행동 검사실에 미리 적응시킨다.
2. 동물을 출발상자에서 60초간 적응시킨 후 출발상자의 문을 열어 출발시킨다.
3. 상자에서의 행동은 보통 10~20분 동안 미리 정해둔 시간만큼 기록하며, 측정치들은 다음과 같다.
   ① 출발 잠재기(start latency, 제한시간 60초)
   ② 중심부에서의 활동(컴퓨터 트랙킹 혹은 관찰자가 측정)
   ③ 주변부에서의 활동(컴퓨터 트랙킹 혹은 관찰자가 측정)
   ④ 앞발 들기(rearing)
   ⑤ 몸치장(grooming)
   ⑥ 대변, 소변

주의사항

1. 이전 실험동물의 대소변이 이후 실험동물에게 후각 단서로 작용하여 행동에 영향을 주는 것을 막기 위해 검사 후 상자를 에탄올(70%)로 잘 닦아주어야 한다.
2. 동물이 pain을 느끼게 되면 보행에 변화가 생긴다. 가장 기본적인 변화는 lame(절룩거리는 것)이다. lame의 정도에 따라서 ① sound, ② mildly lame, ③ moderately lame, ④ lame, ⑤ severely lame으로 평정한다.
3. 동물에 따라 고통에 반응하는 일반적인 행동양상은 다음과 같다.
4. mouse는 mild pain / distress를 받았을 경우, 부분적으로 눈을 감고, 숨을 거칠게 쉬며, 털이 거칠어진다. 몸을 떠는 행동이 증가하며, 일상적이지 않은 공격적인 행동을 보인다. 갑작스럽게 도망가는 행동을 보이거나, 손으로 만지면 공격적인 신호음을 낸다.

5. mouse는 severe pain / distress를 받았을 경우, 체중이 감소하게 되고, 털이 뻣뻣해지고, 눈이 빠지거나, 눈을 감는다. 몸을 떠는 행동이 감소하게 되고, 자극에 반응하지 않으며, 사육상자 안에서 홀로 떨어져서 지낸다. vocalization이 감소하게 된다.

6. rat은 mild pain / distress를 받았을 경우, 부분적으로 눈을 감고, 눈과 코 주위에 얼룩이 생기며, 털이 빠지거나 털이 거칠어진다. 사람에게나 같은 사육상자 안에 있는 동물을 향해 공격행동이 증가하게 되고, 탐색행동이 줄어들게 된다. 손으로 만지면 공격적인 신호음을 낸다.

7. rat은 severe pain / distress를 받았을 경우, 눈을 감거나, 피부색이 변하며, 등 주위의 근육이 줄어든다. 체중이 감소하게 되고, 털이 뻣뻣해지며, vocalization이 감소하게 된다.

3. 요약

somatic pain은 피부나 뼈 등에서 기인하는 통증으로, 이를 유발하는 방법으로는 피부에 열자극을 가하거나, 핀 등으로 찌르거나, 차가운 물체에 접근시키는 방법 등이 있다. visceral pain은 내부 장기에서 기인되는 통증으로, 이를 유발하는 방법으로 내부 장기에 풍선을 넣어 부풀리거나 내부 장기에 자극적인 약물을 주입하는 방법 등이 있다. neuropathic pain은 비정상적인 신경계 활동에 의한 통증으로, 그 중에서 이질통(allodynia)을 유발하기 위해 superaspinal 수준에서 propofol을 주입하거나 spinal cord를 손상한다. 무통(analgesia, antinociception)은 통증을 정상적으로 느끼지 못하는 것으로, 아편계 약물 혹은 propofol을 주입하거나 어렸을 때 capsaicin을 주입하는 방법이 있다.

동물에게 이질통이나 무통을 유발한 후 이를 평가하기 위해서 다양한 행동검사들이 필요하다. 감각기능 검사에는 tail-flick test, hot plate test, cold plate test, von Frey filaments test, pinprick test, formalin test 등이 있고, 운동기능 검사에는 open field test 등이 있다.

국내 전문가 :

나홍식(고려대) hsna@korea.ac.kr

4. 더 읽을거리

Back, S. K., Kim, J. S., Hong, S. K., & Na, H. S. (2003). Ascending pathways for mechanical allodynia in a rat model of neuropathic pain. *Neuroreport, 14,* 1623-1626.

Erichsen, H. K., & Blackburn-Munro, G. (2002). Pharmacological characterisation of the spared nerve injury model of neuropathic pain. *Pain, 98,* 151-161.

Moller, K. A., Johansson, B., & Berge, O. G. (1998). Assessing mechanical allodynia in the rat paw with a new electronic algometer. *J Neurosci Methods, 84,* 41-47.

Traub, R. J., Sengupta, J. N., & Gebhart, G. F. (1996). Differential c-fos expression in the nucleus of the solitary tract and spinal cord following noxious gastric distention in the rat. *Neuroscience, 74,* 873-884.

Vissers, K., Adriaensen, H., De Coster, R., De Deyne, C., & Meert, T. F. (2003). A chronic-constriction injury of the sciatic nerve reduces bilaterally the responsiveness to formalin in rats : a behavioral and hormonal evaluation. *Anesth Analg, 97,* 520-525.

Wang, Q. Y., Cao, J. L., Zeng, Y. M., & Dai, T. J. (2004). GABAA receptor partially mediated propofol-induced hyperalgesia at superspinal level and analgesia at spinal cord level in rats. *Acta Pharmacol Sin, 25,* 1619-1625.

08

운동장애 –

파킨슨병과 헌팅턴 무도병

1. 도입

파킨슨병은 퇴행성 신경계 질환으로, 동작의 느려짐, 안정 시 떨림, 근경직이 주요증상이다. 이러한 운동장애는 대개 한쪽 사지의 말단에서 시작되어 반대쪽으로 진행되며 점차 전신의 수의운동이 불가능해진다. 이 때문에 자세가 앞으로 굽으면서 보폭이 짧아지는 보행장애가 일어나고 점차 눈을 깜빡이거나 대화하는 것이 어려워진다. 비운동장애로는 사고의 흐름이 느려지고, 수행능력 장애, 공간 지각능력 장애, 주의전환능력 장애 등이 있으며 환자의 30~60% 정도에서 우울증이 나타나지만 운동증상으로 나타나는 얼굴표정의 감소 및 동작의 느려짐과 구별하기 어렵다. 미국의 경우 60세 이상에서 유병률은 대략 1%로, 50대 이전에 발생하는 경우도 많다. 서서히 진행하여 발병에서 사망까지는 10~15년 정도 걸린다. 기면성뇌염(嗜眠性腦炎), 뇌동맥경화증, 약물·일산화탄소·망간·시안화합물 등의 중독, 뇌종양, 두부외상(頭部外傷), 매독 등에 의해서도 비슷한 증상이 유발된다고 알려져 있으며, 많은 경우 뇌졸중, 근골격계 질환, 우울증 등으로 잘못 진단되기도 한다. 병리학적으로는 흑질 치밀부(substantia nigra pars compacta, SNc)나 청반(locus ceruleus)에서 도파민 뉴런의 선택적인 퇴행이 관찰된다.

파킨슨병에서 가장 널리 쓰이는 동물모델은 6-hydroxydopamine(6-OHDA) 혹은 1-methyl-4-phenyl-1,2,3,6-tetrahydropyridine(MPTP)를 주입하여 만든다. 6-OHDA Parkinson's disease model은 카테콜아민 신경세포를 선택적으로 파괴하는 6-OHDA을 흑질(substantia nigra)과 내측전뇌다발(medial forebrain bundle)에 주입하여 도파민 뉴런을 선택적으로 파괴한다. 보통은 한쪽 반구에만 처치하는데, 이는 동물의 활동수준이 지나치게 제한되는 문제를 막고 양쪽 몸의 수행능력을 비교

하기 위한 것이다. 또한 MPTP Parkinson's disease model은 파킨슨병의 초기 모델로, MPTP를 흑질 치밀부(SNc)에 주입하여 도파민 뉴런을 손상시킨다.

헌팅턴 무도병은 상염색체 우성으로 유전되는 중추신경계 퇴행성 질환이다. 무도성(舞蹈性) 무정위 운동(손발이 춤추듯 마음대로 움직임)과 인지 및 정서 장애를 보이는 것이 특징이다.

파킨슨병이 운동결핍을 일으키는 반면에, 헌팅턴 무도병은 통제 불가능한 운동, 특히 경련성 사지 운동을 일으킨다. 헌팅턴 무도병으로 인한 운동은 의도적인 움직임처럼 보이지만, 불수의적으로 발생하는 것이다. 4번 염색체의 우성 유전자에 의해 발생하는 진행성 유전병으로 대개 30세 이후에 발병하여 10~30년에 걸쳐 진행되다 죽음에 이르며, 어린 나이에 발병할수록 병리학적인 변화가 심하고 뇌신경이 크게 손상되어 치매를 동반하는 경우가 많다. 미국, 유럽 등에서의 유병률은 인구 10만 명당 4~8명 정도이다. 병리학적으로는 주로 미상핵(caudate nucleus)과 담창구(globus pallidus)의 변성, 특히 가바성 뉴런(GABAergic neuron)과 아세틸콜린성 뉴런(cholinergic neuron)의 변성이 관찰된다.

인간의 경우 발병원인이 더 광범위하지만, 헌팅턴 무도병의 동물모델은 선조체(corpus striatum)의 발병학에 초점을 맞춰왔다. 헌팅턴 무도병의 이상운동(dyskinesia) 동물모델에는 크게 두 가지가 있다. 선조체의 신경전달물질의 불균형을 야기하는 신경화학적 모델은 선조체의 dopaminergic, GABAergic, cholinergic system에 세포사멸을 야기하는데, 다양한 dopaminergic 흥분제와 GABAergic, cholinergic 억제제를 선조체에 주입하여 운동장애(dyskinesia)를 유발한다. 다른 한 가지모델은 흥분성 독을 이용한 손상모델로서 선택적인 독성물질(kainic acid, quinolinic acid)을 선조체에 주입하여 직접적인 손상을 유발한다. 이러한 동물모델은 헌

팅턴 무도병에 대한 임상적 치료효과를 검증하는 데 특히 유용하며, 헌팅턴 무도병의 발병양상을 연구하여 그 기저에 있는 뇌내 구조물의 역할을 밝히는 데 단서를 제공한다.

기저핵 손상에 의한 이 두 가지 질병의 행동 특징을 평가하는 다양한 운동검사가 있는데, 파킨슨병의 경우 주로 과소활동을, 헌팅턴병의 경우에는 과잉활동을 검사하게 된다. 감각 및 인지적 손상을 측정할 때에는 운동 기능의 결핍이 결과에 미치는 영향을 통제할 수 있도록 실험을 설계하고 주의 깊게 행동검사를 선택하여야 한다.

2. 행동검사

1. 감각기능 검사

    ① Acoustic startle response test

2. 운동기능 검사

    ① Open field test

    ② Rotarod test

    ③ Elevated body swing test

    ④ Drug-induced rotation test - rotometer test

    ⑤ Catalepsy test - horizontal bar test, vertical grid test

    ⑥ Bridge test

    ⑦ Wire suspension test

    ⑧ Stepping test (forelimb akinesia test)

3. 인지기능 검사

    ① Water maze test Ⅰ (hidden platform version)

    ② T maze test Ⅱ (spontaneous alternation version)

    ③ Two-way active avoidance test (shuttle box)

    ④ Passive avoidance test

    ⑤ Prepulse inhibition test

검사명	Acoustic startle response test
실험 목적	본 검사는 감각운동 처리 과정에 대한 일반적인 정보를 제공할 수 있다. 또한 다양한 크기의 소리를 들려주어 놀람 반응을 측정함으로써 청각 능력 및 청각 역치를 측정할 수 있다. 파킨슨병 동물모델에서 관찰되는 감각운동 시스템(sensorymotor system) 결손을 연구하기 위해 실시한다.

실험 장비

놀람 반응을 측정하는 실험 장비는 실험실마다 다를 수 있으며, 상용화된 장비들도 다양하나 대개 다음과 같은 장비가 필요하다.

1. 동물을 가볍게 구금할 수 있는 상자
2. 5~1000ms까지 범위의 자극을 일정한 강도로 내보낼 수 있는 자극 통제 시스템
3. 동물의 놀람 반응을 측정할 수 있는 장비와 프로그램 : 동물 움직임의 가속도를 측정할 수 있는 장비, 측정된 데이터를 디지털화시킬 수 있는 프로그램
4. 놀람 반응을 측정하는 개별 장비를 넣을 방음 상자 : 작은 환풍기를 달아 환기가 잘 되도록 해야 하며, 적정 수준의 배경잡음을 제공할 수 있어야 함.
5. 소리를 제공할 수 있는 기기와 스피커

실험 절차

1. 각 검사를 위해 먼저 동물을 5분 동안 구금상자에 넣어 실험 상황에 적응시킨다. 이때 백색잡음을 배경에 넣어준다.
2. 3회의 120dB, 40ms의 놀람 자극을 제시한다. 이 자극에 대한 반응은 분석에 포함시키지 않으나 놀람 자극에 대한 기저선 반응으로 분석할 수도 있다.
3. 동물에게 70~120dB 수준의 소리(40ms duration, 20~60s ITI)를 단계별로 나누어 임의적인 순서로 노출시킨다.
4. 각각의 소리에 대해 동물의 놀람 반응을 측정한다.
5. 총 50회 이상 시행을 실시한다.

주의사항

1. 동물을 구금상자에 넣고 미리 적응시키는 절차가 필요하다. 예를 들어 실험 3일 전부터 20분간(실험 시간) 3일 동안 동물을 구금상자에 적응시킬 수 있다.
2. 백색잡음을 70~75dB로 배경에 깔아주는 것이 필요하며, 실험에 사용되는 소리 이외에 다른 소리가 들리지 않도록 하여 동물이 갑작스런 외부 잡음에 오반응을 하지 않도록 한다.
3. 동물의 반응이 동물 크기에 좌우되므로 rat이 피험동물일 때보다 mouse가 피험동물일 때 더 민감한 장비가 필요하다.

운동기능 검사 1

검사명	Open field test
실험 목적	본 검사는 동물의 일반적인 보행활동수준을 알아보기 위한 검사이다. 어떤 처치 후 동물의 행동 변화를 살펴보기 위해서는 동물의 기본적인 활동수준을 검사해야 할 필요가 있다. 파킨슨병 동물모델의 경우 과소행동을, 헌팅턴 무도병 동물모델의 경우 과잉행동을 관찰할 수 있다.

실험 장비

전형적인 open field 검사는 동물이 움직이기 충분한 사각형 모양의 개방된 상자(rat의 경우 77cm×77cm×25cm, mouse의 경우 40cm×40cm×27cm의 나무 혹은 아크릴 상자)에서 이루어진다.

1. 개방장 전체를 주변부와 중심부로 구분
2. 비디오 모니터와 컴퓨터 트랙킹 : 중심부와 주변부 움직임 측정

실험 절차

1. 검사하기 30분 전에 동물을 행동 검사실에 미리 적응시킨다.
2. 동물을 출발상자에서 60초간 적응시킨 후 출발상자의 문을 열어 출발시킨다.
3. 상자에서의 행동은 보통 10~20분 동안 미리 정해둔 시간만큼 기록하며, 측정치들은 다음과 같다.
   ① 출발 잠재기(start latency, 제한시간 60초)
   ② 중심부에서의 활동(컴퓨터 트랙킹 혹은 관찰자가 측정)
   ③ 주변부에서의 활동(컴퓨터 트랙킹 혹은 관찰자가 측정)
   ④ 앞발 들기(rearing)
   ⑤ 몸치장(grooming)
   ⑥ 대변, 소변

주의사항

이전 실험동물의 대소변이 이후 실험동물에게 후각 단서로 작용하여 행동에 영향을 주는 것을 막기 위해 검사 후 상자를 에탄올(70%)로 잘 닦아주어야 한다.

운동기능 검사 2

검사명	Rotarod test
실험 목적	본 검사는 동물을 회전하는 원통 위에서 강제로 걷게 하여, 동물(특히 rat, mouse)의 운동 협응기능과 균형감각을 평가한다. 회전원통의 속도조절 방법에 따라 constant speed model과 acceleration speed model로 구분되며, 회기를 반복하여 운동기능뿐만 아니라 운동학습능력도 측정할 수 있다. 파킨슨병 동물모델의 운동기능을 측정하기 위해 실시한다.

실험 장비

1. rotarod 장비는 기본적으로 긴 회전원통(drum)을 칸막이(panel)로 나누어 몇 개의 독립적인 레인(lane)으로 구성한 형태이다. 회전원통의 직경은 장비와 실험동물에 따라서 30~100mm로 다양하다. 회전원통의 너비(즉 레인의 너비)는 실험동물이 보행하기에 적절한 공간이 되도록 칸막이를 세우며 대략 장비에 따라 60~140mm로 다양하다.

2. 회전원통의 회전속도를 조절할 수 있는 제어장치가 있으며, 각각의 레인에는 동물이 떨어지는 시간(fall-off time)을 기록할 수 있는 개별 초시계가 설치되어 있다.

실험 절차

1. 동물을 회전원통에 올려놓고 처음에는 4rpm 정도의 속도에 적응시킨다.

2. constant speed model 혹은 acceleration speed model을 적용한다.

   ① constant speed test - 1~100rpm 사이에서 일정 속도를 선택, 동일한 속도로 원통을 회전시켜 동물의 움직임을 검사한다.

   ② acceleration speed test - 일정 검사시간 동안 원통의 회전속도를 서서히 증가시켜 동물의 움직임을 검사한다. 본 검사를 며칠(4~5일)동안 반복하여 수행 성적이 향상되는 양상을 측정하면 운동학습능력을 검사할 수 있다.

3. 동물이 회전원통 위에서 떨어지는 시간(fall-off time) 혹은 일정 횟수만큼 떨어질 때까지 걸리는 시간을 측정하여 통제집단과 비교하거나 학습양상을 살펴본다.

주의사항

1. 본 검사는 기본적으로 동물이 높은 곳에서 떨어지지 않으려 하는 동기를 이용하여 회전하는 원통 위를 강제로 걷도록 하는 것이다. 그러므로 검사를 시행하기 위해서는 우선 동물의 깊이 지각 능력을 확인해야 한다.

2. 회전원통의 높이가 동물에게 지나치게 높으면 불안수준 증가로 인해 수행에 영향을 주고, 반대로 높이가 지나치게 낮으면 오히려 원통 위에서 뛰어내리는 것을 학습할 수 있으므로 높이 설정에 주의해야 한다.

3. 이전 동물의 냄새가 수행에 영향을 줄 수 있으므로, 한 번의 검사가 끝날 때마다 에탄올(70%)로 장비를 닦아낸다.

운동기능 검사 3

검사명	Elevated body swing test
실험 목적	본 검사는 동물을 수직으로 들었을 때 동물이 몸을 구부리는 방향을 기록하는 비교적 간단한 행동검사로서, 파킨슨병 동물모델과 헌팅턴 무도병 동물모델의 비대칭적 운동활동을 검사하기 위해 사용한다. 특히 한쪽 반구에 6-OHDA를 처치하여 만든 반파킨슨병 모델(hemiparkinsonian Rat Model)에서 비대칭적 운동양상(asymmetrical motor behavior)을 확인하는 데 사용한다.

실험 장비

아크릴 소재의 행동관찰 상자

실험 절차

1. 동물을 행동상자에 두고 동물의 네 발이 땅에 닿은 상태로 2분간 적응을 시킨다.
2. 동물의 꼬리를 끝에서 1인치 정도 되는 지점을 잡아 1인치 높이로 들어올린다. 동물은 수직으로 매달리게 되며, 이때부터 1분간 swing test를 수행한다.
3. 동물이 수직축을 기준으로 머리를 왼쪽이나 오른쪽으로 움직일 때마다 swing으로 기록한다. 동물이 한 번 몸을 구부리고 수직축으로 다시 되돌아와야 한 번 swing을 한 것으로 간주하고, 동물이 수직축으로 돌아오지 않는 경우는 swing 횟수에 포함시키지 않는다.
4. 동물을 들어 올린 후 5초 이상 swing 행동을 보이지 않으면 꼬리를 가볍게 자극한다.
5. 전체 swing 횟수와 방향을 기록한다.
6. 전체 swing 횟수에서 한쪽 방향으로 올라간 횟수를 계산하여 비대칭적 운동양상의 지표로 삼는다.

주의사항

1. 흑질에 6-OHDA를 처치하여 손상시킨 쥐의 경우 손상된 쪽과 반대방향으로 편향된 swing(biased swing activity)을 보이며, 이는 약물(apomorphine)에 의해 유발된 돌기 행동(rotational behavior)과 일치한다.
2. 동물이 꼬리를 잡고 있거나 수직축으로 돌아오지 않는 경우가 5초 이상 지속되면 측정을 멈추고 바닥에 내려놓았다가 다시 검사를 시작한다.

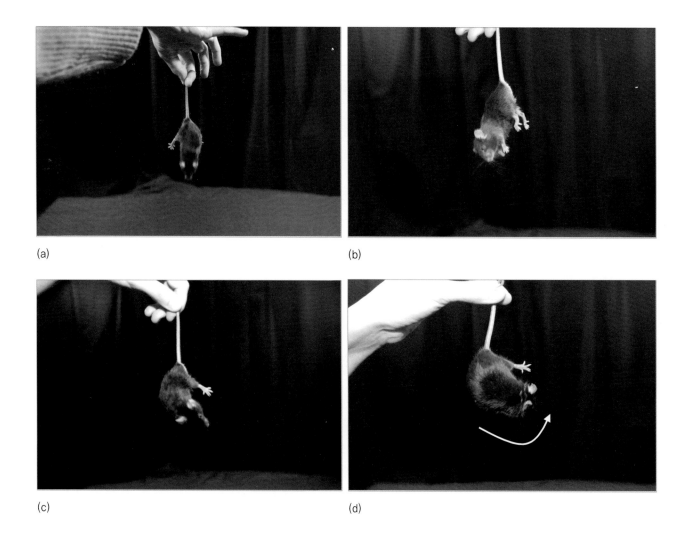

(a)
(b)
(c)
(d)

Fig 18. Elevated body swing test

동물의 꼬리를 잡고 바닥에서 3cm 떨어진 위치만큼 들어올린다(a). 30초의 시행 동안 수직축에서 왼쪽 혹은 오른쪽으로 10° 이상 움직일 때 그 방향과 횟수를 기록한다(b, c, d).

운동기능 검사 4	

검사명	Drug – induced rotation test – rotometer test
실험 목적	파킨슨병 동물모델에서 특징적으로 나타나는 약물에 의한 회전운동을 알아보기 위해 널리 쓰이는 검사이다. 6-OHDA 파킨슨병 동물모델(한쪽 흑질 손상)의 경우 apomorphine이나 L-DOPA를 주입하면 손상시킨 반대쪽 방향으로 회전운동을 보이지만, amphetamine을 주입하면 손상시킨 쪽과 같은 방향으로 회전운동을 보인다.

실험 장비

동물의 회전수를 측정하기 위해서는 대개 두 가지 방법을 사용한다.

1. video tracking 장치 – 동물의 머리 방향을 기록하여 회전수와 회전방향을 측정한다.
2. rotometer – 대개 상용화된 자동화기기를 사용한다. 자동 회전통(automated rotation bowl)과 동물의 몸에 부착된 띠로 구성되며, 이 띠는 다시 기록용 컴퓨터와 연결된다. 동물의 회전수와 회전방향을 기록하는 소프트웨어가 필요하다.

실험 절차

1. 6-OHDA 파킨슨병 동물모델을 시술 후 동물이 충분히 회복되면 검사를 실시한다.
2. 동물에게 약물을 처치하고 5분 후 동물을 rotation chamber에 두고 기록을 시작한다.
3. 왼쪽이나 오른쪽으로 360° 회전하면 한 번의 회전으로 기록한다.
4. 검사시간 동안의 총 회전 횟수와 1분당 회전 횟수를 측정치로 삼는다.
5. 약물에 의한 회전운동이 유의미하게 나타나면 파킨슨병 모델로 간주한다. 예를 들어 apomorphine을 투여했을 때 손상 대측방향으로 1분 동안 최소 5바퀴를 완전히 회전한 동물을 파킨슨병 모델로 간주하여 실험에 포함시킬 수 있다.

주의사항

1. 오반응을 막기 위해 동물을 미리 rotation chamber에 적응시키는 절차가 필요하다.
2. 약물처치 전 동물의 spontaneous rotation을 측정하여 baseline으로 삼을 수 있다.
3. 약물에 따라 검사시간을 조정한다.
4. 한 동물에게 두 가지 이상의 약물 유도 회전운동 검사를 실시할 때에는 두 검사 사이에 적어도 48시간의 시간간격을 두는 것이 좋다.

운동기능 검사 5

검사명	Catalepsy test – horizontal bar test, vertical grid test
실험 목적	강직증(catalepsy)은 파킨슨병의 특징적인 증상이다. 파킨슨병 동물모델에서 강직증의 대표적인 반응인 무운동성과 경직 반응을 측정하기 위해 horizontal bar test와 vertical grid test가 널리 사용된다.

실험 장비

1. horizontal bar test – stainless steel 원형 막대
2. vertical grid test – 1cm 간격의 wire로 만든 격자(전체 크기 25.5cm×44cm)

실험 절차

horizontal bar test

1. 동물의 양쪽 앞다리를 바닥과 평행하게 9cm 높이의 막대에 올려 놓는다(동물은 반쯤 서서 막대에 기대있는 자세를 취하게 된다).
2. 동물이 한쪽 앞다리를 막대에서 떨어뜨릴 때까지의 시간을 측정한다.

vertical grid test

1. 동물을 수직격자에 사지를 걸쳐 매달리게 한다.
2. 동물이 첫 번째 움직임을 보일 때까지의 시간을 측정한다.

주의사항

동물이 움직이지 않을 경우 3분의 제한시간을 둔다.

Fig 19. Horizontal bar test

동물의 양쪽 앞다리를 바닥과 평행하게 9cm 높이의 막대에 올려 놓고, 동물이 한쪽 앞다리를 막대에서 떨어뜨릴 때까지의
시간을 측정한다.

Fig 20. Vertical grid test

동물을 수직격자에 네 발로 매달리게 하여 첫 번째 움직임을 보일 때까지의 시간을 측정한다.

운동기능 검사 6

검사명	**Bridge test**
실험 목적	동물의 균형감각을 평가하기 위한 검사이다. 파킨슨병 동물모델의 운동기능을 측정하기 위해 실시한다.

실험 장비

1. 두 개의 플랫폼
2. 두 개의 플랫폼 사이에는 긴 막대(길이 100cm, 폭 2cm, 높이 1.5cm)가 바닥으로부터 60cm 높이에 위치한다.

실험 절차

1. 동물을 막대의 한 끝에 놓아둔다.
2. 동물이 막대를 가로질러 건너편 플랫폼으로 이동하는 것을 관찰한다.
3. 동물이 막대에서 떨어질 때까지의 시간과 막대를 가로지른 횟수를 측정한다.
4. 적어도 두 번의 시행이 10분 간격으로 이루어지며, 한 번의 시행은 180초 동안 진행된다.

주의사항

막대를 양쪽 플랫폼 사이에 끼울 때 동물이 다리에서 탈출할 수 있는 공간이 생기지 않도록 주의한다.

Fig 21. Bridge test

긴 막대(길이 100cm, 폭 2cm, 높이 1.5cm)를 바닥에서 띄워 위치시키고, 동물을 막대의 한 끝에 놓아둔 후 막대를 가로질러 건너편 플랫폼으로 이동하는 것을 관찰한다.

운동기능 검사 7

검사명	Wire suspension test
실험 목적	파킨슨병의 특징적인 증상인 경직성(rigidity)을 측정하기 위한 검사로, 동물의 앞다리 또는 몸 전체의 근육강도를 측정할 수 있다.

실험 장비

1. 80cm 높이에 수평으로 걸어놓은 쇠줄
2. 바닥에 설치한 완충재(깔짚, 스펀지 등)

실험 절차

1. 동물을 줄에 매달리게 한 후 동물이 떨어지기 전까지의 시간을 측정한다.
2. 10분 간격으로 두 번의 시행을 실시하며, 한 번의 시행은 최대 30초 동안 진행된다.

주의사항

떨어질 때 동물이 다치지 않도록 주의한다.

Fig 22. Wire suspension test

80cm 높이에 수평으로 걸어놓은 쇠줄에 동물이 매달리게 한 후 떨어질 때까지 시간을 측정한다.

운동기능 검사 8

검사명	Stepping test (forelimb akinesia test)
실험 목적	파킨슨병 동물모델에서 앞다리의 무운동(akinesia)을 측정하기 위한 검사이다.

실험 장비

1. 약 1m 길이의 판자를 동물의 사육상자(cage)에 경사지게 걸쳐 놓는다.
2. 부드러운 표면으로 된 0.9m 폭의 테이블

실험 절차

1. 동물이 비스듬하게 걸쳐있는 판자를 타고 올라가 사육상자까지 이동하도록 훈련시킨다. 이때에는 네 다리 모두 자유로운 상태이다.
2. 실험자가 동물의 뒷다리와 앞다리 하나를 잡고 한쪽 앞다리만 바닥에 닿게 하는 자세에서 본 실험을 시작한다.

stepping test

1. 동물은 뒷다리와 한쪽 앞다리가 구속된 상태에서 자유로운 앞발 하나를 움직여 판자를 타고 올라가 사육상자까지 이동하게 된다.
2. 동물이 자유롭게 놓여진 한쪽 앞다리를 움직이는 데까지의 시간을 측정한다(latency).
3. 자유롭게 놓여진 한쪽 앞다리로 판자를 타고 올라가 사육상자에 도달하는 데까지의 시간을 측정한다 (stepping time).
4. 총 걸음 수를 측정하고, 동물이 사육상자에 도달하는 데까지의 거리(판자의 길이)를 걸음(step)의 수로 나누어 한 번 발을 떼는 데 걸리는 시간(step time)을 계산한다(step length).
5. 한쪽 다리의 검사가 끝나면 반대편 다리를 검사한다.

adjusting step test

1. 앞에서 기술한 것과 같은 방법으로 동물의 한쪽 다리만이 바닥에 닿은 상태에서 5초 동안 0.9m의 테이블에서 실험자가 동물을 움직인다.
2. 실험자가 동물을 움직일 때 동물이 한쪽 다리로 걸은 걸음 수(adjusting steps)를 측정한다.
3. 앞쪽으로 움직일 때의 걸음 수를 측정하고, 다시 뒤쪽으로 움직일 때의 걸음 수를 측정한다. 한쪽 발 검사가 끝나고 반대편 다리로 검사한다.

주의사항

1. 모든 검사는 동물의 활동시간대에 실시한다.
2. 실험자의 손놀림에 갑작스런 오반응을 보일 수도 있으므로 실험에 들어가기 2~3일 전부터 핸들링을 실시한다.

검사명	Water maze test Ⅰ (hidden platform version)
실험 목적	본 검사는 학습과 기억을 평가할 수 있는 검사로 가장 많이 사용된다. 가장 일관적인 연구결과는 해마 손상 동물이 본 검사의 수행 능력에 결함을 보인다는 것이다. 파킨슨병 동물모델에서 나타나는 공간작업기억 능력의 손상을 측정하기 위해 실시한다.

실험 장비

실험 장비는 실험실마다 다를 수 있으며, 상용화된 장비들도 다양하나 대개 다음과 같은 장비가 필요하다.

1. 원형으로 된 swimming pool(rat의 경우 지름 150~180cm, 높이 50cm ; mouse의 경우 사용 가능한 pool의 지름이 85~180cm까지 다양)
2. swimming pool에 넣을 깊이 25cm, 25±1℃의 물
3. 탈지분유(물을 불투명하게 하여 도피대가 보이는 것을 방지)
4. 지름 10cm, 높이 23~24cm의 나무나 아크릴로 만들어진 도피대
5. 비디오 카메라(pool의 가운데 위에 설치되어 동물의 움직임을 기록)
6. 공간 단서(동물이 도피대 위치를 배우게 하기 위한 단서)

실험 절차

1. 훈련 시작 하루 전에 도피대가 없는 swimming pool에서 60초 동안 자유롭게 수영하게 하여 수영하는 상황에 적응시킨다.
2. 훈련이 시작되면 동물을 4사분면 중 한쪽 벽면에 배가 닿도록 하여 동물을 물 안으로 놓아준다.
3. 5일 동안 하루에 3~6trial 씩 물에 잠겨 있는 도피대의 위치를 찾아 올라가도록 훈련시킨다. 각 시행마다 임의의 사분면에서 출발하도록 한다.
4. 동물이 도피대를 찾아 올라갈 때까지의 잠재기(도피잠재기)를 측정하고, 만약 60초 내에 도피대의 위치를 찾아내지 못했다면 동물이 수영하도록 하면서 실험자가 도피대로 인도해 준다.
5. 동물이 도피대에 일단 올라가면 도피대 위에서 30초간 머무르도록 한다.
6. 훈련이 끝난 회기 24시간 후에 probe trial을 시행한다. 도피대 없이 60초 동안 자유 수영을 하게 하여 이전 도피대의 위치에 대한 기억을 보유하고 있는지에 대한 검사를 실시한다.

주의사항

1. 도피대는 수면에서 1~2cm 아래에 두며, 수면 위에서 보이지 않도록 한다.
2. 관찰자의 위치도 공간 단서가 될 수 있으므로 항상 동일한 위치에서 실험을 진행하도록 한다.

인지 기능 검사 2

검사명	T maze test Ⅱ (spontaneous alternation version)
실험 목적	설치류는 T maze에서 양쪽 통로가 똑같은 조건일 때 임의의 한쪽 통로를 선택한 후에, 다음 번에는 반대편 통로로 바꾸어 선택하는(spontaneous alternation) 선천적 경향이 있다. 본 검사를 통해 동물의 탐색 기능 및 행동적 비대칭성을 평가할 수 있다. 6-OHDA Parkinson's disease model의 경우, spontaneous alternation 손상을 보인다는 일관된 연구결과가 있다.

실험 장비

1. T자 모양의 미로 - 총 세 개의 통로(왼쪽, 오른쪽, 중앙부)가 있으며 각 통로 입구는 실험자가 동물의 출입을 통제할 수 있도록 칸막이가 설치되어 있다. 미로의 각 통로 크기는 다양하지만 대개 rat의 경우 40cm×20cm×19cm이고, mouse의 경우 35cm×7cm×14cm이다.
2. 초시계

실험 절차

spontaneous alternation

1. 훈련 3일 전부터 동물을 하루에 적어도 5분씩 미로에 적응시킨다.
2. 첫 시행에서는 출발상자에 1분간 적응시킨다.
3. 적응 시간이 끝나면 동물을 출발시켜 T maze의 양쪽 통로 중 한쪽을 선택하면 시행을 끝낸다. 이때 동물의 사지가 통로 입구를 통과하면 동물이 들어간 것으로 간주한다.
4. 다음 시행을 위해 다시 동물을 출발상자로 옮긴 후 자유롭게 통로를 선택하도록 한다.
5. 매 시행의 제한시간(cut-off time)은 60초로 한다.
6. 동물이 바로 이전에 들어갔던 통로에 들어가면 0점, 반대편 통로에 들어가면 1점을 부여한다.

주의사항

1. T maze의 spontaneous alternation version은 새로운 것을 탐색하고자 하는 동물의 생래적 특성을 이용한 검사로, delayed alternation version과 달리 강화물을 사용하지 않지만 동물의 움직임 수준을 높이기 위해 하루 정도의 먹이 박탈을 실시할 수 있다.
2. 시행 사이에는 각 통로를 에탄올(70%)로 깨끗이 닦아준다.

인지기능 검사 3

검사명	Two-way active avoidance test (shuttle box)
실험 목적	조건화된 회피학습을 통해 선택적인 주의를 측정하는 방법이다. MPTP에 의해 유발된 초기 파킨슨병 동물모델이 통제동물에 비해 유의미하게 낮은 학습성적을 보인다는 연구결과가 있다. 파킨슨병 동물모델에서 관찰되는 기억결손을 연구하기 위해 실시한다.

실험 장비

1. 가운데에 통로가 있는 칸막이를 설치하여 두 개의 공간으로 나눈 상자를 준비한다. 상자의 크기는 실험실마다 다소 차이가 있지만 rat의 경우 63cm×28cm×26cm이고, mouse의 경우 45cm×24.5cm×19cm이다.
2. 상자의 밑바닥에는 그리드(grid)를 설치하되, 두 개의 공간에 개별적으로 전류를 흘릴 수 있도록 구성한다.
3. 실험자가 제어할 수 있는 전기쇼크 장치를 연결한다.
4. 조건자극을 제시할 수 있는 장비를 설치한다. 예를 들어 소리자극일 경우 스피커를 설치한다.

실험 절차

1. 조건 회피학습을 진행하기 전에 실험실에서 동물을 30분간 적응시킨다.
2. 동물을 상자에 넣은 후 적어도 5분간 자유롭게 탐색할 수 있도록 한다.
3. 소리자극(80dB)을 5초간 들려주고, 동물이 있는 공간의 그리드에 전기를 흘려주어 자극과 쇼크를 연합시킨다. 동물이 다른 쪽 칸으로 넘어갈 때까지 전기쇼크를 준다.
4. 충분한 학습시행으로 조건화된 회피반응이 확립되면, 새로운 자극(불빛자극)을 소리자극과 동시에 제시한 후 전기쇼크를 가하는 학습단계를 진행한다.
5. 학습이 완료되면 불빛이나 소리만을 단독으로 제시하는 동안에 조건 회피학습을 보이는지 여부를 측정한다. 이때 소리자극과 전기쇼크 간에 이미 연합이 형성되어 있기 때문에 소리자극은 불빛자극이 새로운 조건자극(CS)이 되는 것을 방해하는 차폐(blocking)현상을 유발한다. 만약 선택적 주의가 결여된 동물이라면 차폐가 일어나지 않게 된다.
6. 평균 회피반응의 횟수(number of avoidance responses)를 측정치로 삼는다.

주의사항

전기쇼크를 10초 이상 주어도 다른 칸으로 넘어가지 않으면, 동물이 움직일 수 있도록 실험자가 손으로 유도하여 회피반응을 학습하도록 한다. 그러나 최대한 동물의 자발적 움직임에 의한 회피반응이 일어나도록 한다.

인지기능 검사 4

검사명	Passive avoidance test
실험 목적	학습과 기억 수행 능력을 검사하는 데 널리 사용되는 검사로, 이전에 혐오 자극이 제시되었던 상자 안에 들어가기까지 걸리는 시간을 측정한다. MPTP에 의해 유발된 초기 파킨슨병 동물모델에서 관찰되는 기억결손을 연구하기 위해 실시한다.

실험 장비(rat의 경우)

1. 수동회피 상자
    - 그리드 바닥(grid floor)이 깔려 있는 검은색 아크릴 상자(30cm×30cm×30cm)
    - 상자 안을 어둡게 한다.
    - 상자의 앞면 하단 부위에 쥐가 통과할 수 있는 작은 문(guillotine door)을 만든다.
    - 상자 위는 뚜껑을 덮어 동물이 밖으로 튀어 나오는 것을 방지한다.
2. 플랫폼(3cm×10cm) : 상자 앞에 설치하고 할로겐 전구로 밝혀준다.
3. 상자를 올려 놓을 약 60cm 높이의 테이블(플랫폼이 테이블 앞으로 돌출되도록 위치시킨다)
4. 전기쇼크 장비

실험 절차

1. 훈련(training)
    A. 시행 1, 2
        ① 실험동물을 할로겐 전구로 밝혀둔 플랫폼 위에 올려놓고 상자의 문을 열어둔다.
        ② 실험동물이 상자 안으로 들어가면 상자의 문이 닫힌다. 실험동물은 상자 안에 20초 동안 남아 머물러 있는다.
        ③ 이 시행을 2회 반복한다(trial 1, 2).
    B. 시행 3
        ① 실험동물이 상자로 들어간 후 문이 닫힌다.
        ② 문이 닫힘과 동시에 1회의 발바닥 쇼크(2s, 1mA)를 그리드 바닥으로 흘려준다.
        ③ 전기쇼크가 제시된 후에 실험동물을 사육상자로 옮긴다.
2. 파지검사(retention test)
    A. 파지검사는 훈련 절차를 거친 후 24시간 뒤에 장기기억(long-term memory)을 확인하기 위해 시행한다.
    B. 실험동물을 플랫폼 위에 위치시키고 상자의 문이 열이 열리면, 실험동물이 상자로 들어가기까지 걸리는 시간(latency)을 측정한다.
    C. 실험동물이 상자 안으로 들어가거나 300초 동안 플랫폼에 머물러 있으면 검사는 종료된다.

D. 시행기간 동안 전기쇼크는 제시하지 않는다.

주의사항

1. 실험동물의 머리가 향하는 방향은 상자에 있는 문과 반대방향이다.
2. 마지막 훈련과 파지검사의 간격은 실험의 목적에 따라 바꿀 수 있다.
3. 쥐가 통과하는 문(guillotine door) 하단에 1cm 정도의 틈을 두어 동물의 꼬리가 끼지 않도록 한다.

인지기능 검사 5

검사명	Prepulse inhibition test
실험 목적	본 검사는 감각운동 연합에 대한 행동적 측정방법으로 널리 사용되며, 청각반응 결손 및 주의력 장애를 연구하는 데 유용한 검사이다. 파킨슨병 동물모델의 경우, 통제동물에 비해 유의미하게 지연된 반응을 보인다는 연구결과가 있다.

실험 장비

prepulse inhibition 반응을 측정하는 실험 장비는 acoustic startle response test와 동일한 것을 사용한다.

1. 동물을 가볍게 구금할 수 있는 상자
2. 5~1000ms까지 범위의 소리자극을 일정한 강도로 내보낼 수 있는 자극 통제 시스템
3. 동물의 움직임을 측정할 수 있는 장비, 측정된 자료를 디지털화시킬 수 있는 프로그램
4. 개별 장비를 넣을 isolation chamber : 작은 환풍기를 달아 환기가 잘 되도록 해야 하며 적정 수준의 배경잡음을 제공할 수 있어야 함.
5. 소리를 제공할 수 있는 기기와 스피커

실험 절차

1. 각 검사를 위해 먼저 동물을 5분 동안 플라스틱 구금상자에 넣어 실험 상황에 적응시킨다. 이때 백색잡음(70dB)을 배경에 넣어준다.
2. 자극에 과도하게 반응할 수 있으므로 3회의 120dB, 40ms의 startle stimulus(SS)를 제시하여 동물을 적응시킨다. 이 자극에 대한 반응은 분석에 포함시키지 않으나, SS에 대한 기저선 반응으로 분석할 수 있다.
3. 60번의 시행을 실시한다. 각각의 시행은 120dB 소리만 임의로 나오는 상황, prepulse(PP ; 85dB)만 제시되는 상황, 아무런 자극도 나오지 않는 상황, PP 제시 후 20ms 지연되게 SS가 나오는 상황으로 이루어진다. 모든 자극 간 간격은 평균적으로 15s이다.
4. 각각의 소리에 대해 동물의 놀람 반응을 측정한다. SS만 제시된 상황과 PP와 SS가 연이어 나오는 상황 간의 반응 비율을 비교하여 자료를 분석한다.
5. % PPI = { 1 − (PP+SS)/SS } × 100

주의사항

1. 동물을 구금상자에 넣고 미리 적응시키는 절차가 필요하다. 예를 들어 실험 3일 전부터 매일 20분(실험 시간과 동일한 시간) 동안 동물을 구금상자에 적응시킬 수 있다.
2. 배경자극으로는 백색잡음(70~75dB)을 제시하며, 실험에 사용되는 소리 이외에 다른 소리가 들리지 않도록 하여 동물이 갑작스런 외부 잡음에 오반응을 하지 않도록 한다.
3. 동물의 반응이 동물 크기에 좌우되므로 rat이 피험동물일 때보다 mouse가 피험동물일 때 더 민감한 장비가 필요하다.

3. 요약

기저핵(basal ganglia)은 운동계의 중요한 구조물로, 미상핵(caudate nucleus), 피각(putamen), 담창구(globus pallidus)가 포함되며 일차운동피질과 흑질(substantia nigra)에서 대부분의 입력을 받으며 같은 부위로 출력을 되돌려 보낸다. 기저핵 변성으로 일어나는 주요 운동장애는 과소활동장애(hypokinetic disorders)와 과잉활동장애(hyperkinetic disorders)로 구분할 수 있다. 과소활동의 대표적인 예는 파킨슨병(Parkinson's disease)으로, 동작의 느려짐(bradykinesia)과 무운동증(akinesia)이 특징이다. 과잉활동장애는 대표적으로 헌팅턴병(Huntington's disease)이 있으며 비자발적인 운동(dyskinesias), 저긴장(hypotonia) 및 과도한 운동양상이 특징이다.

파킨슨병과 헌팅턴 무도병 두 가지 질병을 연구하기 위해서 설치류에서 기저핵에 흥분성 독을 주입하는 화학적 손상 및 전기적 손상을 통해 질병모델을 만들 수 있다. 이러한 동물모델을 이용한 다양한 처치의 결과를 알아보기 위한 행동검사는 매우 다양하기 때문에 적합한 행동검사를 선택하고 실시하여 그 결과를 해석하는 데 주의하여야 한다.

국내 전문가 :

오영준(연세대) yjoh@yonsei.ac.kr

4. 더 읽을거리

Borlongan, C. V., & Sanberg, P. R. (1995). Elevated body swing test : a new behavioral parameter for rats with 6-hydroxydopamine-induced hemiparkinsonism. *J Neurosci, 15*, 5372-5378.

Choi, W. S., Eom, D. S., Han, B. S., Kim, W. K., Han, B. H., Choi, E. J., Oh, T. H., Markelonis, G. J., Cho, J. W., & Oh, Y. J.(2004). Phosphorylation of p38 MAPK induced by oxidative stress is linked to activation of both caspase-8- and -9-mediated apoptotic pathways in dopaminergic neurons. *J Biol Chem, 279*, 20451-20460.

Crawley, J. N. (2000). *What's wrong with my mouse? : Behavioral phenotyping of transgenic and knockout mice.* New York : Wiley-Liss.

Ogura, T., Ogata, M., Akita, H., Jitsuki, S., Akiba, L., Noda, K., et al. (2005). Impaired acquisition of skilled behavior in rotarod task by moderate depletion of striatal dopamine in a pre-symptomatic stage model of Parkinson's disease. *Neurosci Res, 51*, 299-308.

Olsson, M., Nikkhah, G., Bentlage, C., & Bjorklund, A. (1995). Forelimb akinesia in the rat Parkinson model : differential effects of dopamine agonists and nigral transplants as assessed by a new stepping test. *J Neurosci, 15*, 3863-3875.

Whishaw, I. Q., & Kolb, B. (2005). *The behavior of the laboratory rat : Handbook with tests.* New York : Oxford University Press.

09

주산기 뇌손상

1. 도입

주산기 뇌손상(perinatal brain injury : PBI)은 태아에서 성인에 이를 때까지 심각한 문제를 낳게 되며, 이는 향후 행동 및 신경학적 결손으로 이어지게 된다. 특히 주산기에 발생한 저산소성 허혈성 뇌병증(hypoxic-ischemic encepahlopathy)은 신생아에서 나타나는 신경질환 중에 가장 흔히 발생하며, 발생 빈도는 만삭 생존아 1000명당 2~4명 정도로 발생하고 임신 36주 미만에서는 9%, 그 이상에서는 0.5%의 유병률을 가지고 있다. 저산소성 허혈성 뇌병증은 신생아 사망률 및 유병률을 높이고, 생존자 중에도 뇌성마비, 정신지체, 학습 장애, 간질 등 영구적인 신경학적 후유증을 남길 수 있다. PBI는 특정 피질 영역의 흡입제거, 흥분성독손상, 저산소증/허혈증(hypoxia/ischemia) 등을 이용하여 동물모델을 만들 수 있다. 일반적으로 이러한 처치들은 일관된 결과를 낳는데, 손상 시기에 따라서 기능적 장애의 정도가 달라진다. 생후 첫 주에 손상을 입은 경우, 성장한 후에 입은 손상보다 더욱 심각한 기능적인 문제를 일으킨다. 반대로 생후 2주에 손상을 입으면 성장 후에 유사한 손상을 입은 것보다 기능적인 장애가 덜 심각하다. 이러한 모델은 인간에 있어서 임신 7~9개월 사이의 손상 및 출산 후 몇 개월 이내의 손상과 유사하다. 즉 임신 7~9개월에 손상을 입은 경우에는 발달 과정 중에 있는 인간의 뇌를 크게 손상시키지만, 출산 후 몇 개월 이내의 손상은 결과가 심각하지 않다. 발달 1주와 2주의 손상에서 나오는 여러 가지 행동적 결과들은 다양한 해부학적 반응들과 상관을 갖는다. 예를 들어 출생 2주 후 손상은 신경발생(neurogenesis)과 교세포발생(gliogenesis), 수상돌기 비대(dendritic hypertrophy)가 정상적으로 유도되는 반면, 출생 1주 후 손상은 신경발생과 교세포 발생에는 영향을 미치지 않으나 수상돌기는 축소되는 현상이 나타난다. 따라서 이러한 손상이 일어나게 되면, 개체가 성장한 후 생리학적, 행동적인 변화가 일어나게 된다. 이러한 동물모델을 통해 뇌손상을 일으킨 동물이 성장했을 때 보행활동 및 학습과 기억 등에 손상이 있는 것이 밝혀진 바 있다. 따라서 PBI 동물모델에 적용하는 어떤 처치가 행동적 반응에 미치는 영향을 연구할 때에는 감각 및 운동기능은 물론 학습과 기억 손상 등이 있는지 여부를 모두 관찰해야 한다.

동물모델로서 PBI는 인간에서 초기 발달과정 동안의 뇌손상이 미치는 영향을 이해하는 데 좋은 모델이며, PBI 모델동물의 병리학적 현상을 이해하거나 이에 적용 가능한 여러 가지 치료 방법이 행동적인 기능에 미치는 영향을 연구할 때에는 다음에 제시하는 다양한 행동검사가 요구된다.

2. 행동검사

1. 감각기능 검사
   ① Acoustic startle response test
2. 운동기능 검사
   ① Rope suspension test
   ② Rotarod test
   ③ Grid walking and footfault test
   ④ Vertical screen test
   ⑤ Walking initiation test
   ⑥ Elevated body swing test
   ⑦ Traversing a square bridge test
   ⑧ Open field test
   ⑨ T maze test II(spontaneous alternation version)
3. 인지기능 검사
   ① T maze test I(delayed alternation version)
   ② Water maze test I(hidden platform version)
   ③ Passive avoidance test

감각기능 검사 1

검사명	Acoustic startle response test
실험 목적	본 검사는 감각운동 처리 과정에 대한 일반적인 정보를 제공할 수 있다. 또한 다양한 크기의 소리(tone)를 들려주고 각각에 대한 놀람 반응을 측정함으로써 청각 능력 및 청각 역치를 측정할 수 있다. 이 검사를 통해 기본적인 감각운동의 처리에 문제가 있는지 평가하며, 다른 검사를 수행하기 위해 필요한 청각 능력 자체에 이상이 있는지 살펴본다.

실험 장비

놀람 반응을 측정하는 실험 장비는 실험실마다 다를 수 있으며, 상용화된 장비들도 다양하나 대개 다음과 같은 장비가 필요하다.

1. 동물을 가볍게 구금할 수 있는 상자
2. 5~1000ms까지 범위의 자극을 일정한 강도로 내보낼 수 있는 자극 통제 시스템
3. 동물의 놀람 반응을 측정할 수 있는 장비와 프로그램 : 동물 움직임의 가속도를 측정할 수 있는 장비, 측정된 데이터를 디지털화시킬 수 있는 프로그램
4. 놀람 반응을 측정하는 개별 장비를 넣을 방음 상자 : 작은 환풍기를 달아 환기가 잘 되도록 해야 하며, 적정 수준의 배경잡음을 제공할 수 있어야 함.
5. 소리를 제공할 수 있는 기기와 스피커

실험 절차

1. 각 검사를 위해 먼저 동물을 5분 동안 구금상자에 넣어 실험 상황에 적응시킨다. 이때 백색잡음을 배경에 넣어준다.
2. 3회의 120dB, 40ms의 놀람 자극을 제시한다. 이 자극에 대한 반응은 분석에 포함시키지 않으나, 놀람 자극에 대한 기저선 반응으로 분석할 수도 있다.
3. 동물에게 70~120dB 수준의 소리(40ms duration, 20~60s ITI)를 단계별로 나누어 임의적인 순서로 노출시킨다.
4. 각각의 소리에 대해 동물의 놀람 반응을 측정한다.
5. 총 50회 이상 시행을 실시한다.

주의사항

1. 동물을 구금상자에 넣고 미리 적응시키는 절차가 필요하다. 예를 들어 실험 3일 전부터 20분간(실험 시간) 3일 동안 동물을 구금상자에 적응시킬 수 있다.
2. 백색잡음을 70~75dB로 배경에 깔아주는 것이 필요하며, 실험에 사용되는 소리 이외에 다른 소리가 들리지 않도록 하여 동물이 갑작스런 외부 잡음에 오반응을 하지 않도록 한다.
3. 동물의 반응이 동물 크기에 좌우되므로 rat이 피험동물일 때보다 mouse가 피험동물일 때 더 민감한 장비가 필요하다.

운동기능 검사 1

검사명	Rope suspension test
실험 목적	동물을 나일론 줄에 매달리게 하여 발로 줄을 잘 잡고 지탱할 수 있는지를 관찰하여 동물의 운동 협응 기능을 알아본다.

실험 장비

4mm 지름의 나일론 줄(mouse의 경우)

실험 절차

1. 나일론 줄을 수평으로 펼쳐서 동물의 두 발로 매달리게 둔다.
2. 한쪽 발만 검사하기 위해서는 한쪽 발로 매달리게 하고 다른 쪽 발은 시술 테이프로 감는다.
3. 동물이 줄에서 떨어지기까지의 시간을 기록한다(제한시간 30초).

주의사항

동물이 떨어질 만한 곳에 깔짚 혹은 패드를 깔아 두어 동물이 다치지 않도록 한다.

운동기능 검사 2

검사명	Rotarod test
실험 목적	본 검사는 동물을 회전하는 원통 위에서 강제로 걷게 하여, 동물(특히 rat, mouse)의 운동 협응기능과 균형감각을 평가한다. 회전원통의 속도조절 방법에 따라 constant speed model과 acceleration speed model로 구분되며, 회기를 반복하여 운동기능뿐만 아니라 운동학습능력도 측정할 수 있다.

실험 장비

1. rotarod 장비는 기본적으로 긴 회전원통(drum)을 칸막이(panel)로 나누어 몇 개의 독립적인 레인(lane)으로 구성한 형태이다. 회전원통의 직경은 장비와 실험동물에 따라서 30~100mm로 다양하다. 회전원통의 너비 (즉 레인의 너비)는 실험동물이 보행하기에 적절한 공간이 되도록 칸막이를 세우며 장비에 따라 대략 60~140mm로 다양하다.
2. 회전원통의 회전속도를 조절할 수 있는 제어장치가 있으며, 각각의 레인에는 동물이 떨어지는 시간(fall-off time)을 기록할 수 있는 개별 초시계가 설치되어 있다.

실험 절차

1. 동물을 회전원통에 올려놓고 처음에는 4rpm 정도의 속도로 천천히 적응시킨다.
2. constant speed model 혹은 acceleration speed model을 적용한다.
   ① constant speed test - 1~100rpm 사이에서 일정 속도를 선택, 동일한 속도로 원통을 회전시켜 동물의 움직임을 검사한다.
   ② acceleration speed test - 일정 검사시간 동안 원통의 회전속도를 서서히 증가시켜 동물의 움직임을 검사한다. 본 검사를 며칠(4~5일)동안 반복하여 수행 성적이 향상되는 양상을 측정하면 운동학습능력을 검사할 수 있다.
3. 동물이 회전원통 위에서 떨어지는 시간(fall-off time) 혹은 일정 횟수만큼 떨어질 때까지 걸리는 시간을 측정하여 통제집단과 비교하거나 학습양상을 살펴본다.

주의사항

1. 본 검사는 기본적으로 동물이 높은 곳에서 떨어지지 않으려 하는 동기를 이용하여 회전하는 원통 위를 강제로 걷도록 하는 것이다. 그러므로 검사를 시행하기 위해서는 우선 동물의 깊이 지각 능력을 확인해야 한다.
2. 회전원통의 높이가 동물에게 지나치게 높으면 불안수준 증가로 인해 수행에 영향을 주고, 반대로 높이가 지나치게 낮으면 오히려 원통 위에서 뛰어내리는 것을 학습할 수 있으므로 높이 설정에 주의해야 한다.
3. 이전 동물의 냄새가 수행에 영향을 줄 수 있으므로 한 번의 검사가 끝날 때마다 에탄올(70%)로 장비를 닦아낸다.

운동기능 검사 3

검사명	Grid walking and footfault test
실험 목적	본 검사는 쳇바퀴를 돌리게 하거나 철망 위를 걷게 하여 수행 중에 발이 빠지는 횟수를 측정하여 동물의 운동협응능력을 측정하고자 한다.

실험 장비

　쳇바퀴 혹은 철망

실험 절차

1. 2분 동안 쳇바퀴를 돌리게 하거나 철망 위를 걷게 하여 발이 미끄러져 빠지는 횟수를 체크한다.
2. 전체 스텝 수를 발이 빠진 횟수로 나누어 slip ratio를 구한다.

주의사항

　시술을 할 경우, 시술 전과 시술 후의 수행이 변화되었는지를 관찰하기 위해서 시술 전에 피험동물을 미리 훈련시켜야 한다.

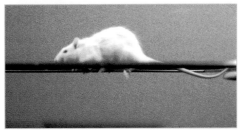

Fig 23. Grid walking and footfault test

철망 위에 동물을 올려 놓고 걷게 하여 발이 미끄러져 빠지는 횟수를 기록
한다.

운동기능 검사 4

검사명	Vertical screen test
실험 목적	본 검사는 스크린 위에 동물을 올려놓고 스크린을 수직으로 세워서 동물이 스크린에서 잘 버티고 있는지 관찰함으로써 실험동물의 앞발, 뒷발의 근육이 지닌 힘을 측정하는 실험법이다.

실험 장비

격자 모양의 철망(50cm×22cm, 15mm^{2}의 격자)

실험 절차

1. 쥐를 수평으로 된 스크린에 놓는다.
2. 스크린을 2초 가량 수직으로 세우고 5초 동안 쥐를 관찰한다.
3. 쥐가 5초 동안 스크린을 꼭 잡고 있다면 0점을 준다.

   쥐가 5초 안에 떨어지면 1점을 준다.

   쥐가 바로 떨어지면 2점을 준다.

주의사항

동물이 떨어질 만한 곳에 깔짚 혹은 패드를 깔아 두어 동물이 다치지 않도록 한다.

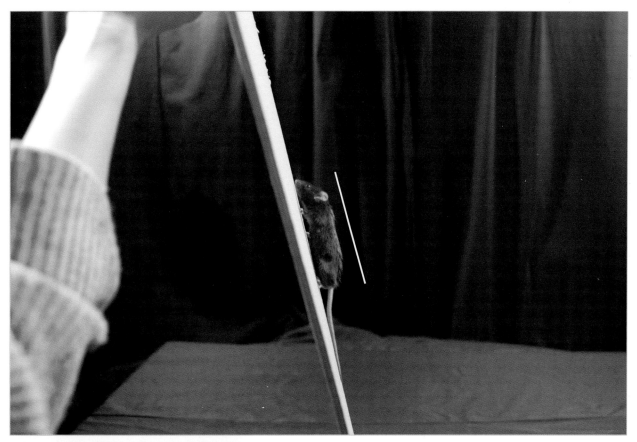

Fig 24. Vertical screen test

쥐를 수평으로 된 스크린에 놓은 후 스크린을 수직으로 세우고 동물이 떨어
질 때까지의 시간을 기록한다.

운동기능 검사 5

검사명	Walking initiation test
실험 목적	뇌손상이 있는 동물의 감각운동 능력에 이상이 있는지 알아보기 위한 검사이다.

실험 장비

수평 테이블
두 개의 동심원(예를 들어 지름 20cm의 원과 지름 60cm의 원)

실험 절차

1. 쥐를 수평면 위에 두 동심원의 중심에 올려 놓는다.
2. 안쪽 원과 바깥쪽 원을 벗어나는 데 걸리는 시간은 사지가 모두 벗어난 경우로 정의하며, 이를 측정하여 기록한다.
3. 대측 혹은 편측으로 180° 회전한 횟수를 기록할 수 있다.
4. 쥐가 바깥 원을 벗어나거나 60초가 지난 경우에 시행을 끝낸다.

주의사항

Walking initiation은 앞으로 한 몸길이만큼 이동한 경우와 180° 이상 회전한 경우로 정의한다.

운동기능 검사 6

검사명	Elevated body swing test
실험 목적	동물을 꼬리로 들어 좌우로 몸을 움직이는지 관찰하여 운동기능을 평가하고 대뇌 반구 손상의 영향을 평가할 수 있다.

실험 장비

특별한 장비 필요 없음

실험 절차

1. 동물의 꼬리를 잡고 바닥에서 3cm 떨어진 위치만큼 들어올린다.
2. 30초의 시행 동안 수직축에서 왼쪽 혹은 오른쪽으로 10° 이상 움직일 때 그 방향과 횟수를 기록한다.

주의사항

1. 첫 움직임 후 다시 수직 자세로 돌아오면 다음 움직임을 센다.
2. 꼬리를 들 때는 스트레스를 최소화하기 위하여 살며시 들도록 한다.

운동기능 검사 7

검사명	Traversing a square bridge test
실험 목적	동물이 좁은 다리 위를 건너게 하여 운동 능력을 측정하는 검사이다.

실험 장비

직사각형 다리(1cm×1cm×40cm)를 바닥에서 40cm 높이에 올려 놓는다.

실험 절차

1. 동물을 직사각형 다리 위에 올려놓는다.
2. 양쪽에 각각 도피대를 설치해둔다.
3. 동물이 다리 위에서 머물러 있는 시간을 최대 120초 동안 측정한다.
4. 동물이 플랫폼의 한쪽 끝으로 도피하면 측정을 끝낸다.

주의사항

동물이 떨어질 만한 곳에 깔짚 혹은 패드를 깔아 두어 동물이 다치지 않도록 한다.

운동기능 검사 8

검사명	Open field test
실험 목적	본 검사는 동물의 일반적인 보행활동수준을 알아보기 위한 검사이다. 동물의 행동양상과 특성을 직접 관찰하여 동물의 활동성, 정서성, 행동패턴 등을 측정할 수 있다.

실험 장비

전형적인 open field 검사는 동물이 움직이기 충분한 사각형 모양의 개방된 상자(rat의 경우 77cm×77cm×25cm, mouse의 경우 40cm×40cm×27cm의 나무 혹은 아크릴 상자)에서 이루어진다.

1. 개방장 전체를 주변부와 중심부로 구분
2. 비디오 모니터와 컴퓨터 트랙킹 : 중심부와 주변부 움직임 측정

실험 절차

1. 검사하기 30분 전에 동물을 행동 검사실에 미리 적응시킨다.
2. 동물을 출발상자에서 60초간 적응시킨 후 출발상자의 문을 열어 출발시킨다.
3. 상자에서의 행동은 보통 10~20분 동안 미리 정해둔 시간만큼 기록하며, 측정치들은 다음과 같다.
   ① 출발 잠재기(start latency, 제한시간 60초)
   ② 중심부에서의 활동(컴퓨터 트랙킹 혹은 관찰자가 측정)
   ③ 주변부에서의 활동(컴퓨터 트랙킹 혹은 관찰자가 측정)
   ④ 앞발 들기(rearing)
   ⑤ 몸치장(grooming)
   ⑥ 대변, 소변

주의사항

이전 실험동물의 대소변이 이후 실험동물에게 후각 단서로 작용하여 행동에 영향을 주는 것을 막기 위해 검사 후 상자를 에탄올(70%)로 잘 닦아주어야 한다.

운동기능 검사 9

검사명	T maze test Ⅱ (spontaneous alternation version)
실험 목적	본 검사를 통해 동물의 선택 행동(choice behavior)을 살펴봄으로써 행동적 불균형(behavioral asymmetries) 양상을 확인할 수 있다.

실험 장비

1. T자 모양의 미로 - 총 세 개의 통로(왼쪽, 오른쪽, 중앙부)가 있으며 각 통로 입구는 실험자가 동물의 출입을 통제할 수 있도록 칸막이가 설치되어 있다. 미로의 각 통로 크기는 다양하지만 대개 rat의 경우 40cm×20cm× 19cm이고, mouse의 경우 35cm×7cm×14cm이다.

2. 초시계

실험 절차

spontaneous alternation

1. 훈련 3일 전부터 동물을 하루에 적어도 5분씩 미로에 적응시킨다.
2. 첫 시행에서는 출발상자에 1분간 적응시킨다.
3. 적응 시간이 끝나면 동물을 출발시켜 T maze의 양쪽 통로 중 한쪽을 선택하면 시행을 끝낸다. 이때 동물의 사지가 통로 입구를 통과하면 동물이 들어간 것으로 간주한다.
4. 다음 시행을 위해 다시 동물을 출발상자로 옮긴 후 자유롭게 통로를 선택하도록 한다.
5. 매 시행의 제한시간(cut-off time)은 60초로 한다
6 동물이 바로 이전에 들어갔던 통로에 들어가면 0점, 반대편 통로에 들어가면 1점을 부여한다.

주의사항

1. T maze의 spontaneous alternation version은 새로운 것을 탐색하고자 하는 동물의 생래적 특성을 이용한 검사로, delayed alternation version과 달리 강화물을 사용하지 않지만, 동물의 움직임 수준을 높이기 위해 하루 정도의 먹이 박탈을 실시할 수 있다.
2. 시행 사이에는 각 통로를 70% 에탄올로 깨끗이 닦아준다.

검사명	T maze test Ⅰ (delayed alternation vesion)
실험 목적	본 검사는 실험동물의 작업기억(working memory)능력을 검사하는 과제이다.

실험 장비

1. T자 모양의 미로 - 총 세 개의 통로(왼쪽, 오른쪽, 중앙부)가 있으며 각 통로 입구는 실험자가 동물의 출입을 통제할 수 있도록 칸막이가 설치되어 있다. 미로의 각 통로 크기는 다양하지만 대개 rat의 경우 40cm×20cm×19cm이고, mouse의 경우 35cm×7cm×14cm이다.
2. 초시계
3. 먹이(food pellet)

실험 절차

delayed alternation

1. 동물 몸무게의 80%를 유지하도록 제한 급식을 실시한다.
2. 훈련 3일 전부터 동물을 하루에 적어도 5분씩 미로에 적응시킨다.
3. 첫 시행에서는 출발상자에 1분간 적응시킨다.
4. 첫 시행은 '강제 선택 시행'이다. 즉 실험자가 칸막이로 한쪽 통로를 막아놓고 반대편 통로에 동물이 들어가면 칸막이로 후방을 막는다. 이때 동물의 사지가 통로 입구를 통과하면 동물이 들어간 것으로 간주한다. 60초간 동물이 해당 통로에서 먹이를 먹도록 둔다.
5. 다음 시행부터는 '자유 선택 시행'으로 동물이 출발상자에서 출발하여 자유롭게 통로의 방향(왼쪽 혹은 오른쪽)을 선택하도록 한다.
6. 동물은 바로 이전의 시행에서 들어갔던 통로와 반대편 통로로 들어갔을 경우에만 먹이 보상을 받는다.
7. 시행 간 간격은 30초에서 5분 사이로 지연 시간(delay)을 두고 구성되며, 매 시행의 제한시간(cut-off time)은 60초로 한다.
8. 동물이 강화가 주어지는 통로에 정확하게 들어간 횟수와 통로까지 들어가는 데 걸린 시간을 측정한다.
9. 시행 및 회기 수는 실험에 따라 다르나, 예를 들면 하루에 10시행씩 9일 동안 동일한 절차를 수행하여 학습 곡선 양상을 살펴볼 수 있다.

주의사항

1. 제한 급식은 동물의 먹이에 대한 동기수준을 높이기 위한 것이므로 몸무게를 매일 측정하여 지나친 감량이 되지 않도록 주의한다.
2. 첫 시행에 충분히 먹이를 공급하면 다음 시행에서 동기수준이 낮아지므로 강화시행에서는 소량의 먹이만 공급한다.
3. 시행 사이에는 각 통로에 후각 단서가 남지 않도록 먹이 부스러기 등을 깨끗이 제거한다.

인지기능 검사 2

검사명	Water maze test I (hidden platform version)
실험 목적	본 검사는 학습과 기억을 평가할 수 있는 검사로 가장 많이 사용된다. 가장 일관적인 연구결과는 해마 손상 동물이 본 검사에서 수행 능력에 결함을 보인다는 것이다. 주산기 뇌손상이 동물의 인지기능에 어떤 영향을 미치는지를 확인하기 위해 사용할 수 있는 검사이다.

실험 장비

실험 장비는 실험실마다 다를 수 있으며, 상용화된 장비들도 다양하나 대개 다음과 같은 장비가 필요하다.

1. 원형으로 된 swimming pool(rat의 경우 지름 150~180cm, 높이 50cm ; mouse의 경우 사용 가능한 pool의 지름이 85~180cm 까지 다양)
2. swimming pool에 넣을 깊이 25cm, 25±1℃의 물
3. 탈지분유(물을 불투명하게 하여 도피대가 보이는 것을 방지)
4. 지름 10cm, 높이 23~24cm의 나무나 아크릴로 만들어진 도피대
5. 비디오 카메라(pool의 가운데 위에 설치되어 동물의 움직임을 기록)
6. 공간 단서(동물이 도피대 위치를 배우게 하기 위한 단서)

실험 절차

1. 훈련 시작 하루 전에 도피대가 없는 swimming pool에서 60초 동안 자유롭게 수영하게 하여 수영하는 상황에 적응시킨다.
2. 훈련이 시작되면 동물을 4사분면 중 한쪽 벽면에 배가 닿도록 하여 동물을 물 안으로 놓아준다.
3. 5일 동안 하루에 3~6trial 씩 물에 잠겨 있는 도피대의 위치를 찾아 올라가도록 훈련시킨다. 각 시행마다 임의의 사분면에서 출발하도록 한다.
4. 동물이 도피대를 찾아 올라갈 때까지의 잠재기(도피잠재기)를 측정하고, 만약 60초 내에 도피대의 위치를 찾아내지 못했다면 동물이 수영하도록 하면서 실험자가 도피대로 인도해 준다.
5. 동물이 도피대에 일단 올라가면 도피대 위에서 30초간 머무르도록 한다.
6. 훈련이 끝난 회기 24시간 후에 probe trial을 시행한다. 도피대 없이 60초 동안 자유 수영을 하게 하여 이전 도피대의 위치에 대한 기억을 보유하고 있는지에 대한 검사를 실시한다.

주의사항

1. 도피대는 수면에서 1~2cm 아래에 두며, 수면 위에서 보이지 않도록 한다.
2. 관찰자의 위치도 공간 단서가 될 수 있으므로 항상 동일한 위치에서 실험을 진행하도록 한다.

인지기능 검사 3

검사명	Passive avoidance test
실험 목적	학습과 기억 수행 능력을 검사하는데 널리 사용되는 검사로, 이전에 혐오 자극이 제시되었던 상자 안에 들어가기까지 걸리는 시간을 측정한다. 주산기 뇌손상 모델 동물에서 학습과 기억의 결손을 알아보기 위해 사용된다.

실험 장비(rat의 경우)

1. 수동회피 상자
   - 그리드 바닥(grid floor)이 깔려 있는 검은색 아크릴 상자(30cm×30cm×30cm)
   - 상자 안을 어둡게 한다.
   - 상자의 앞면 하단 부위에 쥐가 통과할 수 있는 작은 문(guillotine door)을 만든다.
   - 상자 위는 뚜껑을 덮어 동물이 밖으로 튀어 나오는 것을 방지한다.
2. 플랫폼(3cm×10cm) : 상자 앞에 설치하고 할로겐 전구로 밝혀준다.
3. 상자를 올려 놓을 약 60cm 높이의 테이블(플랫폼이 테이블 앞으로 돌출되도록 위치시킨다)
4. 전기쇼크 장비

실험 절차

1. 훈련(training)
   A. 시행 1, 2
      ① 실험동물을 할로겐 전구로 밝혀둔 플랫폼 위에 올려놓고 상자의 문을 열어둔다.
      ② 실험동물이 상자 안으로 들어가면 상자의 문이 닫힌다. 실험동물은 상자 안에 20초 동안 남아 머물러 있는다.
      ③ 이 시행을 2회 반복한다(trial 1, 2).
   B. 시행 3
      ① 실험동물이 상자로 들어간 후 문이 닫힌다.
      ② 문이 닫힘과 동시에 1회의 발바닥 쇼크(2s, 1mA)를 그리드 바닥으로 흘려준다.
      ③ 쇼크가 제시된 후에 실험동물을 사육상자로 옮긴다.
2. 파지검사(retention test)
   A. 파지검사는 훈련 절차를 거친 후 24시간 뒤에 장기기억(long-term memory)을 확인하기 위해 시행한다.
   B. 실험동물을 플랫폼 위에 위치시키고 상자의 문이 열이 열리면, 실험동물이 상자로 들어가기까지 걸리는 시간(latency)을 측정한다.
   C. 실험동물이 상자 안으로 들어가거나 300초 동안 플랫폼에 머물러 있으면 검사는 종료된다.

D. 시행기간 동안 전기쇼크는 제시하지 않는다.

주의사항

1. 실험동물의 머리가 향하는 방향은 상자에 있는 문과 반대방향이다.

2. 마지막 훈련과 파지검사의 간격은 실험의 목적에 따라 바꿀 수 있다.

3. 쥐가 통과하는 문(guillotine door) 하단에 1cm 정도의 틈을 두어 동물의 꼬리가 끼지 않도록 한다.

3. 요약

주산기 뇌손상은 태아에서 성인에 이를 때까지 심각한 문제를 낳게 되며, 이는 향후 행동적, 신경학적 결손으로 이어지게 된다. PBI의 동물모델로는 특정 피질 영역의 흡입제거, 흥분성독손상, hypoxia/ischemia 등의 기법을 이용한 모델들이 있다. PBI를 행동적으로 검사하거나 PBI에 특정 처치를 한 후 그 효과를 알아볼 때 다양한 행동검사들이 필요하다. 감각기능 검사로는 acoustic startle response test, 운동기능 검사로는 rope suspension test, rotarod test, grid walking and footfault test, inclined board test, vertical screen test, walking initiation test, elevated body swing test, traversing a square bridge test, open field test 등이 있다. 또한 인지기능 검사로는 T-maze test, water maze test, passive avoidance test 등이 있다.

4. 더 읽을거리

Balduini, W., De Angelis, V., Mazzoni, E., & Cimino, M. (2000). Long-lasting behavioral alterations following a hypoxic/ischemic brain injury in neonatal rats. *Brain Res, 859*, 318-325.

Crawley, J. N. (2000). *What's wrong with my mouse? : Behavioral phenotyping of transgenic and knockout mice*. New York : Wiley-Liss.

Lubics, A., Reglodi, D., Tamas, A., Kiss, P., Szalai, M., Szalontay, L., et al. (2005). Neurological reflexes and early motor behavior in rats subjected to neonatal hypoxic-ischemic injury. *Behav Brain Res, 157*, 157-165.

Reynolds, D. S., O'Meara, G. F., Newman, R. J., Bromidge, F. A., Atack, J. R., Whiting, P. J., et al. (2003). GABA(A) alpha 1 subunit knock-out mice do not show a hyperlocomotor response following amphetamine or cocaine treatment. *Neuropharmacology, 44*, 190-198.

Whishaw, I. Q., O'Connor, W. T., & Dunnett, S. B. (1985). Disruption of central cholinergic systems in the rat by basal forebrain lesions or atropine : effects on feeding, sensorimotor behaviour, locomotor activity and spatial navigation. *Behav Brain Res, 17*, 103-115.

10

주산기 스트레스 관련 질환

1. 도입

발달 중에 있는 쥐는 출산 전후에 받은 처치에 특히 민감하다. 출산 전후 처치로는 태내 스트레스(prenatal stress : 임신 중인 어미에게 가해지는 스트레스)와 모자격리(maternal separation) 등이 있다. 모자격리의 경우, 생후 첫 2주 동안 하루에 15분씩 모체와 새끼를 격리시킨다. 그러면 새끼를 핥아주고 만져주는(grooming) 모성행동이 증가된다. 이러한 행동의 증가는 새끼의 신경계 내에서 작동하는 스트레스 관련 체계를 변화시킨다. 이러한 변화는 쥐가 성장한 후 인지기능과 stress에 대한 반응성에 장기적으로 유익을 준다. 반면, 하루 3~4시간씩의 장기간 모자격리를 시키면 과반응성 시상하부-뇌하수체 반응과 같은 스트레스에 대한 과잉반응을 보인다. 출산 후 촉각 자극을 주거나 사춘기 기간 동안 복합사육(complex housing)을 시키는 등의 주산기 경험(perinatal experience) 또한 피질 조직화를 장기간에 걸쳐 변화시키는 것으로 알려져 있다. 특히 임신 중 경험한 태내 스트레스가 새끼들의 정서성을 영구적으로 상승시키고 스트레스 적응력을 감소시킨다는 연구결과가 발표된 바 있다. 또한 태내 스트레스는 open field와 elevated plus maze와 같은 검사에서 불안수준이 높은 것으로 평가되며, 다양한 학습 검사에서 수행이 손상되는 것으로 밝혀졌다. 더불어 prenatal stress는 stress에 대한 HPA 축 반응성을 변화시킨다.

이러한 주산기 스트레스 관련 질환에 대한 연구는 그것이 어린이들의 행동 발달에 장기적으로 어떻게 영향을 미치는지에 대한 모델을 제공한다. 예를 들어 모자격리에 대한 연구는 주의력결핍 과잉행동장애(Attention Deficit/Hyperactivity Disorder, ADHD)에 대한 통찰을 제공할 것이다. 또한 행동 병리를 치료하는 방법을 연구하는 데 유용한 모델을 제공할 것이다.

2. 행동검사

1. 감각기능 검사
   ① Acoustic startle response test
2. 운동기능 검사
   ① Open field test
3. 정서기능 검사
   ① Open field test
   ② Elevated plus maze test (EPM)
4. 인지기능 검사
   ① Prepulse inhibition test
   ② Water maze test I (hidden platform version)
   ③ Passive avoidance test
   ④ Fear conditioning test

검사명	Acoustic startle response test
실험 목적	본 검사는 감각운동 처리 과정에 대한 일반적인 정보를 제공할 수 있다. 또한 다양한 크기의 소리(tone)를 들려 주고 각각에 대한 놀람 반응을 측정함으로써 청각 능력 및 청각 역치를 측정할 수 있다. 이 검사를 통해 기본적인 감각운동의 처리에 문제가 있는지 평가하며, 다른 검사를 수행하기 위해 필요한 청각 능력 자체에 이상이 있는지 살펴본다.

실험 장비

놀람 반응을 측정하는 실험 장비는 실험실마다 다를 수 있으며, 상용화된 장비들도 다양하나 대개 다음과 같은 장비가 필요하다.

1. 동물을 가볍게 구금할 수 있는 상자
2. 5~1000ms까지 범위의 자극을 일정한 강도로 내보낼 수 있는 자극 통제 시스템
3. 동물의 놀람 반응을 측정할 수 있는 장비와 프로그램 : 동물 움직임의 가속도를 측정할 수 있는 장비, 측정된 데이터를 디지털화시킬 수 있는 프로그램
4. 놀람 반응을 측정하는 개별 장비를 넣을 방음 상자 : 작은 환풍기를 달아 환기가 잘 되도록 해야 하며, 적정 수준의 배경잡음을 제공할 수 있어야 함.
5. 소리를 제공할 수 있는 기기와 스피커

실험 절차

1. 각 검사를 위해 먼저 동물을 5분 동안 구금상자에 넣어 실험 상황에 적응시킨다. 이때 백색잡음을 배경에 넣어준다.
2. 3회의 120dB, 40ms의 놀람 자극을 제시한다. 이 자극에 대한 반응은 분석에 포함시키지 않으나 놀람 자극에 대한 기저선 반응으로 분석할 수도 있다.
3. 동물에게 70~120dB 수준의 소리(40ms duration, 20~60s ITI)를 단계별로 나누어 임의적인 순서로 노출시킨다.
4. 각각의 소리에 대해 동물의 놀람 반응을 측정한다.
5. 총 50회 이상 시행을 실시한다.

주의사항

1. 동물을 구금상자에 넣고 미리 적응시키는 절차가 필요하다. 예를 들어 실험 3일 전부터 20분간(실험 시간) 3일 동안 동물을 구금상자에 적응시킬 수 있다.
2. 백색잡음을 70~75dB로 배경에 깔아주는 것이 필요하며, 실험에 사용되는 소리 이외에 다른 소리가 들리지 않도록 하여 동물이 갑작스런 외부 잡음에 오반응을 하지 않도록 한다.
3. 동물의 반응이 동물 크기에 좌우되므로 rat이 피험동물일 때보다 mouse가 피험동물일 때 디 민감한 장비가 필요하다.

검사명	Open field test
실험 목적	본 검사는 동물의 일반적인 보행활동수준을 알아보기 위한 검사이다. 어떤 처치 후 동물의 행동 변화를 살펴보기 위해서는 동물의 기본적인 활동수준을 검사해야 할 필요가 있다.

실험 장비

전형적인 open field 검사는 동물이 움직이기 충분한 사각형 모양의 개방된 상자(rat의 경우 77cm×77cm×25cm, mouse의 경우 40cm×40cm×27cm의 나무 혹은 아크릴 상자)에서 이루어진다.

1. 개방장 전체를 주변부와 중심부로 구분
2. 비디오 모니터와 컴퓨터 트래킹 : 중심부와 주변부 움직임 측정

실험 절차

1. 검사하기 30분 전에 동물을 행동 검사실에 미리 적응시킨다.
2. 동물을 출발상자에서 60초간 적응시킨 후 출발상자의 문을 열어 출발시킨다.
3. 상자에서의 행동은 보통 10~20분 동안 미리 정해둔 시간만큼 기록하며, 측정치들은 다음과 같다.
   ① 출발 잠재기(start latency, 제한시간 60초)
   ② 중심부에서의 활동(컴퓨터 트래킹 혹은 관찰자가 측정)
   ③ 주변부에서의 활동(컴퓨터 트래킹 혹은 관찰자가 측정)
   ④ 앞발 들기(rearing)
   ⑤ 몸치장(grooming)
   ⑥ 대변, 소변

주의사항

이전 실험동물의 대소변이 이후 실험동물에게 후각 단서로 작용하여 행동에 영향을 주는 것을 막기 위해 검사 후 상자를 에탄올(70%)로 잘 닦아주어야 한다.

정서기능 검사 2

검사명	Elevated plus maze test (EPM)
실험 목적	본 검사를 이용하여 동물의 새로운 환경을 탐색하고자 하는 경향과 개방되고 높은 공간에 대해 혐오적 반응을 보이는 경향의 자연적인 갈등 속에서 동물의 정서를 반영하는 행동을 측정할 수 있다. 이 검사를 통해 주산기 스트레스 관련 질환 동물의 정서적인 불안에 대한 평가를 할 수 있다.

실험 장비

정서반응을 측정하는 실험 장비와 시간은 실험실마다 다를 수 있으며, 상용화된 장비들도 다양하나 대개 다음과 같은 장비가 필요하다.

1. 60W 전구
2. 십자모양의 아크릴 소재로 만든 미로
   중앙에 7.5cm×7.5cm의 사각의 플랫폼이 있고, 그 플랫폼을 둘러싸고 길이 40cm, 폭 8cm의 네 개의 통로가 십자모양으로 붙어있음. 서로 마주하고 있는 두 개의 통로는 28.5cm 높이의 벽으로 막힌 폐쇄형 공간이고, 나머지 마주하는 두 개의 통로는 동물이 떨어지지 않도록 1cm 높이의 턱이 있는 개방된 공간으로 구성. 바닥에서 50cm 높이에 설치.

실험 절차

1. 동물을 중앙의 플랫폼에서 개방형 통로 쪽을 향하게 하여 놓는다.
2. 개방형 통로와 폐쇄형 통로에 각각 출입한 횟수와 머문 시간을 기록한다.
3. 총 8~10분 동안 실시한다.

주의사항

1. 검사를 시작할 때 동물을 중앙의 플랫폼에서 개방형 통로 쪽을 향해 놓는 것에 주의한다.
2. 한 동물의 검사가 끝난 후에는 다음 동물의 검사를 위해 에탄올(70%)로 장비를 닦는다.
3. 폐쇄형 통로에서 동물이 나오지 않을 수 있으므로 실험실 내외부의 소음과 조명에 유의하여야 한다.

인지기능 검사 1

검사명	Prepulse inhibition test
실험 목적	본 검사는 감각운동 연합에 대한 신경생리학적 행동적 측정방법이다. 주산기 스트레스 관련 질환 동물모델에서 감각운동 연합과 주의력에 대한 평가방법으로 사용된다.

실험 장비

prepulse inhibition 반응을 측정하는 실험 장비는 acoustic startle response test와 동일한 것을 사용한다.

1. 동물을 가볍게 구금할 수 있는 상자
2. 5~1000ms까지 범위의 소리자극을 일정한 강도로 내보낼 수 있는 자극 통제 시스템
3. 동물의 움직임을 측정할 수 있는 장비, 측정된 자료를 디지털화시킬 수 있는 프로그램
4. 개별 장비를 넣을 isolation chamber : 작은 환풍기를 달아 환기가 잘 되도록 해야 하며 적정 수준의 배경잡음을 제공할 수 있어야 함.
5. 소리를 제공할 수 있는 소스와 스피커

실험 절차

1. 각 검사를 위해 먼저 동물을 5분 동안 플라스틱 구금상자에 넣어 실험 상황에 적응시킨다. 이때 백색잡음(70dB)을 배경에 넣어준다.
2. 자극에 과도하게 반응할 수 있으므로 3회의 120dB, 40ms의 startle stimulus(SS)를 제시하여 동물을 적응시킨다. 이 자극에 대한 반응은 분석에 포함시키지 않으나, SS에 대한 기저선 반응으로 분석할 수 있다.
3. 60번의 시행을 실시한다. 각각의 시행은 120dB 소리만 임의로 나오는 상황, prepulse(PP ; 85dB)만 제시되는 상황, 아무런 자극도 나오지 않는 상황, PP 제시 후 20ms 지연되게 SS가 나오는 상황으로 이루어진다. 모든 자극 간 간격은 평균적으로 15s이다.
4. 각각의 소리에 대해 동물의 놀람 반응을 측정한다. SS만 제시된 상황과 PP와 SS가 연이어 나오는 상황 간의 반응 비율을 비교하여 자료를 분석한다.
5. % PPI = { 1 - (PP+SS)/SS } ×100

주의사항

1. 동물을 구금상자에 넣고 미리 적응시키는 절차가 필요하다. 예를 들어 실험 3일 전부터 매일 20분(실험 시간과 동일한 시간) 동안 동물을 구금상자에 적응시킬 수 있다.
2. 배경자극으로는 백색잡음(70~75dB)을 제시하며, 실험에 사용되는 소리 이외에 다른 소리가 들리지 않도록 하여 동물이 갑작스런 외부 잡음에 오반응을 하지 않도록 한다.
3. 동물의 반응이 동물 크기에 좌우되므로 rat이 피험동물일 때보다 mouse가 피험동물일 때 더 민감한 장비가 필요하다.

인지기능 검사 2

검사명	Water maze test Ⅰ(hidden platform version)
실험 목적	본 검사는 학습과 기억을 평가할 수 있는 검사로 가장 많이 사용된다. 가장 일관적인 연구결과는 해마 손상 동물이 본 검사에서 수행 능력에 결함을 보인다는 것이다. 주산기 스트레스 처치가 동물의 인지기능에 어떤 영향을 미치는지를 확인하기 위해 사용할 수 있는 검사이다.

실험 장비

실험 장비는 실험실마다 다를 수 있으며, 상용화된 장비들도 다양하나 대개 다음과 같은 장비가 필요하다.

1. 원형으로 된 swimming pool(rat의 경우 지름 150~180cm, 높이 50cm ; mouse의 경우 사용 가능한 pool의 지름이 85~180cm까지 다양)
2. swimming pool에 넣을 깊이 25cm, 25±1℃의 물
3. 탈지분유(물을 불투명하게 하여 도피대가 보이는 것을 방지)
4. 지름 10cm, 높이 23~24cm의 나무나 아크릴로 만들어진 도피대
5. 비디오 카메라(pool의 가운데 위에 설치되어 동물의 움직임을 기록)
6. 공간 단서(동물이 도피대 위치를 배우게 하기 위한 단서)

실험 절차

1. 훈련 시작 하루 전에 도피대가 없는 swimming pool에서 60초 동안 자유롭게 수영하게 하여 수영하는 상황에 적응시킨다.
2. 훈련이 시작되면 동물을 4사분면 중 한쪽 벽면에 배가 닿도록 하여 동물을 물 안으로 놓아준다.
3. 5일 동안 하루에 3~6trial 씩 물에 잠겨 있는 도피대의 위치를 찾아 올라가도록 훈련시킨다. 각 시행마다 임의의 사분면에서 출발하도록 한다.
4. 동물이 도피대를 찾아 올라갈 때까지의 잠재기(도피잠재기)를 측정하고, 만약 60초 내에 도피대의 위치를 찾아내지 못했다면 동물이 수영하도록 하면서 실험자가 도피대로 인도해 준다.
5. 동물이 도피대에 일단 올라가면 도피대 위에서 30초간 머무르도록 한다.
6. 훈련이 끝난 회기 24시간 후에 probe trial을 시행한다. 도피대 없이 60초 동안 자유 수영을 하게 하여 이전 도피대의 위치에 대한 기억을 보유하고 있는지에 대한 검사를 실시한다.

주의사항

1. 도피대는 수면에서 1~2cm 아래에 두며, 수면 위에서 보이지 않도록 한다.
2. 관찰자의 위치도 공간 단서가 될 수 있으므로 항상 동일한 위치에서 실험을 진행하도록 한다.

검사명	Passive avoidance test
실험 목적	학습과 기억 수행 능력을 검사하는 데 널리 사용되는 검사로, 이전에 혐오 자극이 제시되었던 상자 안에 들어가기까지 걸리는 시간을 측정한다. 주산기 스트레스 관련 질환 모델 동물들의 학습과 기억의 결손을 알아보기 위해 사용된다.

실험 장비(rat의 경우)

1. 수동회피 상자
   - 그리드 바닥(grid floor)이 깔려 있는 검은색 아크릴 상자(30cm×30cm×30cm)
   - 상자 안을 어둡게 한다.
   - 상자의 앞면 하단 부위에 쥐가 통과할 수 있는 작은 문(guillotine door)을 만든다.
   - 상자 위는 뚜껑을 덮어 동물이 밖으로 튀어 나오는 것을 방지한다.
2. 플랫폼(3cm×10cm) : 상자 앞에 설치하고 할로겐 전구로 밝혀준다.
3. 상자를 올려 놓을 약 60cm 높이의 테이블(플랫폼이 테이블 앞으로 돌출되도록 위치시킨다)
4. 전기쇼크 장비

실험 절차

1. 훈련(training)
   A. 시행 1, 2
      ① 실험동물을 할로겐 전구로 밝혀둔 플랫폼 위에 올려놓고 상자의 문을 열어둔다.
      ② 실험동물이 상자 안으로 들어가면 상자의 문이 닫힌다. 실험동물은 상자 안에 20초 동안 남아 머물러 있는다.
      ③ 이 시행을 2회 반복한다(trial 1, 2).
   B. 시행 3
      ① 실험동물이 상자로 들어간 후 문이 닫힌다.
      ② 문이 닫힘과 동시에 1회의 발바닥 쇼크(2s, 1mA)를 그리드 바닥으로 흘려준다.
      ③ 쇼크가 제시된 후에 실험동물을 사육상자로 옮긴다.
2. 파지검사(retention test)
   A. 파지검사는 훈련 절차를 거친 후 24시간 뒤에 장기기억(long-term memory)을 확인하기 위해 시행한다.
   B. 실험동물을 플랫폼 위에 위치시키고 상자의 문이 열이 열리면, 실험동물이 상자로 들어가기까지 걸리는 시간(latency)을 측정한다.
   C. 실험동물이 상자 안으로 들어가거나 300초 동안 플랫폼에 머물러 있으면 검사는 종료된다.

D. 시행기간 동안 전기쇼크는 제시하지 않는다.

주의사항

1. 실험동물의 머리가 향하는 방향은 상자에 있는 문과 반대방향이다.
2. 마지막 훈련과 파지검사의 간격은 실험의 목적에 따라 바꿀 수 있다.
3. 쥐가 통과하는 문(guillotine door) 하단에 1cm 정도의 틈을 두어 동물의 꼬리가 끼지 않도록 한다.

인지기능 검사 4

검사명	Fear conditioning test
실험 목적	공포조건화는 동물에게 환경적 맥락(context) 혹은 조건자극(CS)을 전기쇼크(US)와 연합시키는 고전적 조건화 패러다임으로, 학습과 기억을 평가하는 검사이다. 맥락 조건화(contextual fear conditioning)와 단서 조건화(cued fear conditioning)로 나눌 수 있다.

실험 장비

실험실마다 장비가 다소 다르나 기본적으로 다음의 장비가 필요하다.

1. 바닥이 그리드(grid)로 구성되어 전기쇼크를 전달할 수 있는 조건화 상자가 방음상자 안에 위치한다.
2. 상자에는 전기쇼크(US)를 전달하기 위한 장치(shock generator)와 조건자극(CS)을 전달할 수 있는 장치(예를 들어 소리자극을 전달할 수 있는 스피커)가 설치되어 있으며, 상자 바깥의 제어부(computer)와 연동된다.
3. 상자에는 동물의 반응을 측정할 수 있는 장비(loadcell, camera)가 설치되어 있다.

실험 절차

1. 훈련 하루 전날 소리자극(조건자극)에 3~5회 노출시켜 동물을 소리자극과 조건화 상자에 적응시킨다.
2. 훈련 첫째 날 조건화 상자에 동물을 넣고 5분간 적응시킨다.
3. 훈련시행은 80dB의 소리자극과 1초의 전기쇼크를 짝지어서 5회 제시한다.
4. 훈련시행 동안 동물의 동결반응(freezing)을 측정한다. 동결반응이란 동물이 숨쉬기 위한 행동 이외에는 움직임이 없는 상태로 정의한다.
5. 24시간 후 검사를 실시한다.
   ① contextual fear conditioning test - 동물을 조건화 상자에 둔 상태에서 소리자극을 제시하지 않고 동결반응을 측정하여 '맥락에 대한 조건화된 공포반응' 척도로 삼는다.
   ② cued fear conditioning test - 3시간 후 맥락을 변화시키기 위해 훈련시행과는 다른 새로운 상자에 동물을 넣고, 소리자극을 제시하여 나타나는 동결반응을 측정한다. 이것을 '단서에 대한 조건화된 공포반응' 척도로 삼는다.

주의사항

1. 훈련 전 동물을 조건화 상자와 조건자극에 적응시키는 절차가 필요하다.
2. 자동화된 장치(loadcell등)를 사용하거나 두 사람 이상의 훈련된 관찰자에 의해 동결반응을 측정할 수 있다.
3. mouse의 경우 rat에 비해 동결반응의 양상이 다소 다르므로 정상동물(naive animal)의 동결반응에 대해 미리 숙지할 필요가 있다. 또한 같은 종이라 하더라도 동물에 따른 차이도 있으므로, 이 경우 자극에 대한 기저반응(baseline)을 측정하여 기저반응에 대한 상대적인 변화량을 측정치로 삼을 수 있다.

3. 요약

주산기에 경험한 다양한 스트레스를 처치하여 발달적, 행동적 영향을 미치는 모델로 연구되는 대표적인 예로는 모자격리와 태내 스트레스 등이 있다. 이러한 모델로 만들어진 동물은 활동성, 정서성, stress에 대한 적응력, 불안수준 및 학습 수행에 영향을 미치게 되므로, 이를 평가할 수 있는 행동검사들이 요구된다. 따라서 감각기능 검사로는 acoustic startle response test, 운동기능 검사로는 open field test가 사용되며, open field 검사의 경우 정서기능 검사로도 사용된다. 또 다른 정서기능 검사로는 elevated plus maze test가 있다. 주산기 스트레스 관련 질환 동물의 경우 인지기능의 손상이 있음이 알려져 있으므로, prepulse inhibition test, morris water maze, passive avoidance test, fear conditioning test 등과 같은 검사를 실시할 수 있다.

국내 전문가 :

김경진(서울대) kyungjin@snu.ac.kr

4. 더 읽을거리

Crawley, J. N. (2000). *What's wrong with my mouse? : Behavioral phenotyping of transgenic and knockout mice.* New York : Wiley-Liss.

Lehmann, J., Stohr, T., & Feldon, J. (2000). Long-term effects of prenatal stress experiences and postnatal maternal separation on emotionality and attentional processes. *Behav Brain Res, 107,* 133-144.

Whishaw, I. Q., O'Connor, W. T., & Dunnett, S. B. (1985). Disruption of central cholinergic systems in the rat by basal forebrain lesions or atropine : effects on feeding, sensorimotor behaviour, locomotor activity and spatial navigation. *Behav Brain Res, 17,* 103-115.

11

정신분열증

1. 도입

정신분열증은 우울증 다음으로 많이 발병하는 정신과 질환으로 인구 100명 중 약 1명 정도 발병하는 드물지 않은 대표적인 만성 정신장애이다. 주로 10~20대의 젊은 나이에 발병해서 만성화되며, 사고, 감정, 행동, 의지가 서로 조화를 이루지 못하여 결과적으로 사회적인 기능에 심각한 결함을 초래한다.

정신분열증은 크게 양성증상(positive symptom)과 음성증상(negative symptom) 2가지 증상 범주로 나눌 수 있다. 양성증상으로는 정상적 기능의 과다 또는 왜곡을 반영하는 것이며, 음성증상은 정상적 기능의 감소나 상실을 반영한다. 양성증상으로는 추리적 사고(망상), 지각(환각), 언어 및 의사소통(와해된 언어), 행동조절의 과장 또는 왜곡(전반적으로 와해된 행동 및 긴장된 행동)이 포함된다. 정신분열증의 음성증상들은 정서적 둔화, 무논리증, 무욕증 등이 포함된다. 특히 정서적 둔화가 흔하며, 정서표현의 범위가 확연히 감소된다.

정신분열증은 인간의 고유한 질환으로 알려져 있으며, 환각, 망상, 사고장애와 같은 정신분열증의 주요 증상을 동물모델로 만든다는 것은 한계가 있다. 현재까지 많은 동물모델 연구들은 임상적 특성을 모사한 것이다. 정신분열증의 동물모델은 도파민 과다 관련 모델, NMDA 수용기 길항제인 PCP와 케타민으로 인한 정신이상(psychotomimetic) 효과와 같은 신경전달물질 관련 모델, sensory motor gating의 손상과 같은 심리생리적 구조모델로 크게 나누어 볼 수 있다. 유전자 변형 동물의 경우에는 도파민성 D2 수용기 유전자의 변형 동물을 예로 들 수 있으며, 근교계 동물(inbred strain)을 얻어서 아포모르핀(apomorphine)에 대한 취약성을 증가시키는 방법도 있다.

현재까지 정신분열증의 원인과 약물의 효과를 알아보기 위한 정신분열증 동물모델 연구에 대한 광범위한 연구가 진행되어 왔다. 정신분열증의 임상적 현상과 관련된 행동적 변화를 동물모델에서 관찰한 다양한 연구들이 다음의 〈표 1〉에 정리되어 있다.

표 1

정신분열증 : 임상적 증상	동물모델 : 행동적 변화
정신병적 증상	Dopamimetic-induced hyperlocomotion, Reduced haloperidol-induced catalepsy
상동적 행동	Dopamimetic-induced stereotypies
NMDA-antagonists에 의한 정신병적 증상의 악화	NMDA antagonists-induced locomotion
스트레스에 의한 취약성	Stress-induced hyperlocomotion
정보처리 과정의 손상	Sensorimotor gating(PPI, P50) deficits
주의결핍	Deficits in latent inhibition
인지기능의 손상	Impaired performance in delayed alternation and spatial memory tests
사회적 철회	Reduced contacts with unfamiliar partners

2. 행동검사

1. 운동기능 검사

   ① Open field test

2. 인지기능 검사

   ① Water maze test I (hidden platform version)

   ② Latent inhibition test (in active avoidance test)

③ Prepulse inhibition test

3. 정서기능 검사

   ① Forced swim test (FST)

4. 기타 기능 검사

   ① Social interaction test

운동기능 검사 1

검사명	Open field test
실험 목적	본 검사는 동물의 일반적인 보행활동수준을 알아보기 위한 검사이다. 어떤 처치 후 동물의 행동 변화를 살펴보기 위해서는 동물의 기본적인 활동수준을 검사해야 할 필요가 있다.

실험 장비

전형적인 open field 검사는 동물이 움직이기 충분한 사각형 모양의 개방된 상자(rat의 경우 77cm×77cm×25cm, mouse의 경우 40cm×40cm×27cm의 나무 혹은 아크릴 상자)에서 이루어진다.

1. 개방장 전체를 주변부와 중심부로 구분
2. 비디오 모니터와 컴퓨터 트랙킹 : 중심부와 주변부 움직임 측정

실험 절차

1. 검사하기 30분 전에 동물을 행동 검사실에 미리 적응시킨다.
2. 동물을 출발상자에서 60초간 적응시킨 후 출발상자의 문을 열어 출발시킨다.
3. 상자에서의 행동은 보통 10~20분 동안 미리 정해둔 시간만큼 기록하며, 측정치들은 다음과 같다.
   ① 출발 잠재기(start latency, 제한시간 60초)
   ② 중심부에서의 활동(컴퓨터 트랙킹 혹은 관찰자가 측정)
   ③ 주변부에서의 활동(컴퓨터 트랙킹 혹은 관찰자가 측정)
   ④ 앞발 들기(rearing)
   ⑤ 몸치장(grooming)
   ⑥ 대변, 소변

주의사항

이전 실험동물의 대소변이 이후 실험동물에게 후각 단서로 작용하여 행동에 영향을 주는 것을 막기 위해 검사 후 상자를 에탄올(70%)로 잘 닦아주어야 한다.

검사명	Water maze test Ⅰ(hidden platform version)
실험 목적	본 검사는 학습과 기억을 평가할 수 있는 검사로 가장 많이 사용된다. 가장 일관적인 연구결과는 해마 손상 동물이 본 검사에서 수행 능력에 결함을 보인다는 것이다. 정신분열증 모델 동물이 인지 기능에 어떤 영향을 받는지 확인하기 위해 사용할 수 있는 검사이다.

실험 장비

실험 장비는 실험실마다 다를 수 있으며, 상용화된 장비들도 다양하나 대개 다음과 같은 장비가 필요하다.

1. 원형으로 된 swimming pool(rat의 경우 지름 150~180cm, 높이 50cm ; mouse의 경우 사용 가능한 pool의 지름이 85~180cm까지 다양)
2. swimming pool에 넣을 깊이 25cm, 25±1℃의 물
3. 탈지분유(물을 불투명하게 하여 도피대가 보이는 것을 방지)
4. 지름 10cm, 높이 23~24cm의 나무나 아크릴로 만들어진 도피대
5. 비디오 카메라(pool의 가운데 위에 설치되어 동물의 움직임을 기록)
6. 공간 단서(동물이 도피대 위치를 배우게 하기 위한 단서)

실험 절차

1. 훈련 시작 하루 전에 도피대가 없는 swimming pool에서 60초 동안 자유롭게 수영하게 하여 수영하는 상황에 적응시킨다.
2. 훈련이 시작되면 동물을 4사분면 중 한쪽 벽면에 배가 닿도록 하여 동물을 물 안으로 놓아준다.
3. 5일 동안 하루에 3~6trial 씩 물에 잠겨 있는 도피대의 위치를 찾아 올라가도록 훈련시킨다. 각 시행마다 임의의 사분면에서 출발하도록 한다.
4. 동물이 도피대를 찾아 올라갈 때까지의 잠재기(도피잠재기)를 측정하고, 만약 60초 내에 도피대의 위치를 찾아내지 못했다면 동물이 수영하도록 하면서 실험자가 도피대로 인도해 준다.
5. 동물이 도피대에 일단 올라가면 도피대 위에서 30초간 머무르도록 한다.
6. 훈련이 끝난 회기 24시간 후에 probe trial을 시행한다. 도피대 없이 60초 동안 자유 수영을 하게 하여 이전 도피대의 위치에 대한 기억을 보유하고 있는지에 대한 검사를 실시한다.

주의사항

1. 도피대는 수면에서 1~2cm 아래에 두며, 수면 위에서 보이지 않도록 한다.
2. 관찰자의 위치도 공간 단서가 될 수 있으므로 항상 동일한 위치에서 실험을 진행하도록 한다.

검사명	Latent inhibition test (in active avoidance test)
실험 목적	능동적 회피 과제를 이용하여 잠재적 억제(latent inhibition)를 측정한다. 잠재적 억제란 강화 수반성(reinforcement contingency) 없이 반복해서 나타난 자극이 다음의 조건화를 방해하는 현상이다. 이 현상은 주의력 손상으로 인해 적절한 자극과 부적절한 자극을 구별하지 못하는 경우에 나타난다.

실험 장비

1. 가운데에 통로가 있는 칸막이를 설치하여 두 개의 공간으로 나눈 상자를 준비한다. 상자의 크기는 실험실마다 다소 차이가 있지만 rat의 경우 63cm×28cm×26cm이고, mouse의 경우 45cm×24.5cm×19cm이다.
2. 상자의 밑바닥에는 그리드(grid)를 설치하되, 두 개의 공간에 개별적으로 전류를 흘릴 수 있도록 구성한다.
3. 실험자가 제어할 수 있는 전기쇼크 장치를 연결한다.
4. 조건자극을 제시할 수 있는 장비를 설치한다. 예를 들어 소리자극일 경우 스피커를 설치한다.

실험 절차

1. 사전노출
   동물을 shuttle box에 넣고 조건자극인 빛(shuttle box의 각 구획 천장에 달려 있는 전구, 40W)과 소리(90dB)의 결합을 80번(7s, 23s interval) 제시한다. 통제집단의 동물들은 동일한 시간(40min)동안 조건자극이 없는 환경에 머무른다.
2. 조건 회피학습을 진행하기 전에 실험실에서 동물을 30분간 적응시킨다.
3. 동물을 상자에 넣은 후 적어도 5분간 자유롭게 탐색할 수 있도록 한다.
4. 소리자극(80dB)을 5초간 들려주고, 동물이 있는 공간의 그리드에 전기를 흘려주어 자극과 쇼크를 연합시킨다. 동물이 다른 쪽 칸으로 넘어갈 때까지 전기쇼크를 준다.
5. 조건화 24시간 후에 파지검사(retention test)를 실시한다. 즉 사전노출 없이 조건화에서의 동일한 과정을 실시한다. 도피(escape)의 수(4s < 반응시간 < 20s)와 조건화된 회피반응(반응시간 < 4s)을 측정한다.

주의사항

1. 전기쇼크를 10초 이상 주어도 다른 칸으로 넘어가지 않으면, 동물이 움직일 수 있도록 실험자가 손으로 유도하여 회피반응을 학습하도록 한다. 그러나 최대한 동물의 자발적 움직임에 의한 회피반응이 일어나도록 한다.
2. 실험 전에 동물의 기본적인 활동수준을 측정한다.

인지기능 검사 3

검사명	Prepulse inhibition test
실험 목적	본 검사는 감각운동 연합에 대한 신경생리학적, 행동적 측정방법이다. 정신분열증 연구에서 이 과제는 감각운동 연합과 주의력에 대한 평가시 사용한다.

실험 장비

prepulse inhibition 반응을 측정하는 실험 장비는 acoustic startle response test와 동일한 것을 사용한다.

1. 동물을 가볍게 구금할 수 있는 상자
2. 5~1000ms까지 범위의 소리자극을 일정한 강도로 내보낼 수 있는 자극 통제 시스템
3. 동물의 움직임을 측정할 수 있는 장비, 측정된 자료를 디지털화시킬 수 있는 프로그램
4. 개별 장비를 넣을 isolation chamber : 작은 환풍기를 달아 환기가 잘 되도록 해야 하며 적정 수준의 배경잡음을 제공할 수 있어야 함.
5. 소리를 제공할 수 있는 소스와 스피커

실험 절차

1. 각 검사를 위해 먼저 동물을 5분 동안 플라스틱 구금상자에 넣어 실험 상황에 적응시킨다. 이때 백색잡음(70dB)을 배경에 넣어준다.
2. 자극에 과도하게 반응할 수 있으므로 3회의 120dB, 40ms의 startle stimulus(SS)를 제시하여 동물을 적응시킨다. 이 자극에 대한 반응은 분석에 포함시키지 않으나, SS에 대한 기저선 반응으로 분석할 수 있다.
3. 60번의 시행을 실시한다. 각각의 시행은 120dB 소리만 임의로 나오는 상황, prepulse(PP ; 85dB)만 제시되는 상황, 아무런 자극도 나오지 않는 상황, PP 제시 후 20ms 지연되게 SS가 나오는 상황으로 이루어진다. 모든 자극 간 간격은 평균적으로 15s이다.
4. 각각의 소리에 대해 동물의 놀람 반응을 측정한다. SS만 제시된 상황과 PP와 SS가 연이어 나오는 상황 간의 반응 비율을 비교하여 자료를 분석한다.
5. % PPI = { 1 − (PP+SS)/SS } × 100

주의사항

1. 동물을 구금상자에 넣고 미리 적응시키는 절차가 필요하다. 예를 들어 실험 3일 전부터 매일 20분(실험 시간과 동일한 시간) 동안 동물을 구금상자에 적응시킬 수 있다.
2. 배경자극으로는 백색잡음(70~75dB)을 제시하며, 실험에 사용되는 소리 이외에 다른 소리가 들리지 않도록 하여 동물이 갑작스런 외부 잡음에 오반응을 하지 않도록 한다.
3. 동물의 반응이 동물 크기에 좌우되므로 rat이 피험동물일 때보다 mouse가 피험동물일 때 더 민감한 장비가 필요하다.

정서기능 검사 1

검사명	Forced swim test (FST)
실험 목적	본 검사는 널리 사용되는 우울증 동물모델로, 정신분열증 모델 동물에서 나타날 수 있는 우울관련 행동을 관찰하고 평가하는 데 사용한다.

실험 장비

실험 장비는 실험실에 따라 다양하지만, mouse의 경우 다음의 장비가 필요하다.

1. 지름 20cm, 높이 40cm의 윗면이 개방된 원통모양의 아크릴 실린더
2. 수온 25±2℃의 물 : 실린더의 바닥에서부터 15cm까지 붓는다.
3. 초시계

실험 절차

1. 동물을 15분 동안 강제로 수영시키고 물에서 건져 올려 마른 수건으로 닦고 사육상자로 돌려 보낸다(pretest session).
2. 24시간 후에 동물을 동일한 장비에 5분 동안 빠뜨린다(test session).
3. 검사시행 전체를 비디오테이프 등의 기록 장치를 이용하여 기록하고, 기록된 테이프를 통해 test session(5분) 동안 다음의 동물의 행동이 나타나는 시간을 측정한다. 또는 5초에 한 번씩 sampling하는 방식으로 3종류 동물 행동의 시간(time)과 빈도(frequency)를 측정한다.
   ① immobility behavior – 동물이 발버둥치지 않고 물 위에 떠 있는 행동으로, 수면 밖으로 머리를 내놓는 데 필요한 움직임 이외에는 아무 움직임이 없는 상태이다. 부동성의 증가를 절망행동의 지표로 삼는다.
   ② swimming behavior – 실린더 주위를 수평 방향으로 움직이는 행동으로, immobility behavor보다는 더 적극적으로 움직이는 행동이다.
   ③ climbing behavior – 벽을 향해 앞발을 물 안팎으로 차올리는, 다소 격렬하게 움직이는 행동이다.
4. 검사 회기(test session) 동안 각 행동을 측정한다. 혹은 검사전 회기(pretest session) 15분 중 마지막 5분과 검사 회기 5분의 측정치를 비교한다.

주의사항

1. 동물 행동은 두 사람 이상의 훈련된 실험자들이 측정한다.
2. 매 시행마다 깨끗한 물로 바꾼다.
3. 동물을 최초로 물에 빠트릴 때에는 동물의 머리까지 물에 빠지지 않도록 살짝 놓는다.
4. 행동수준 자체에 영향을 줄 수 있는 처치를 했을 경우 본 실험상에서 나타난 행동의 변화가 기저행동 수준의 변화 때문일 수도 있으므로 결과해석에 주의를 기울여야 한다. 행동수준이 다를 경우 기저선(baseline)에서의 상대적 변화량을 측정치로 삼는 것이 좋다.

기타 기능 검사 1

검사명	Social interaction test
실험 목적	본 검사를 통해 일반활동성 및 동물 간에 보이는 공격행동과 불안수준을 측정할 수 있다.

실험 장비

1. 동물들이 자유롭게 돌아다닐 수 있을 만한 크기의 사각형 상자(rat의 경우 77cm×77cm×25cm, mouse의 경우 52cm×52cm×25cm)
2. 동물의 행동을 관찰하기 위한 비디오 장치나 tracking 시스템
3. 실험 상자를 관찰하기 위한 붉은 빛의 전등

실험 절차

1. 동물을 행동 관찰실에서 30분간 적응시킨다.
2. 두 마리의 동물을 실험 상자의 양 끝에 두고 20분간 행동을 관찰한다.
3. 두 동물이 보이는 행동 중 냄새맡기, 따라다니기, 기어다니기, 수동적 접촉 등은 비공격적인 행동으로, 물기, 뛰기, 차기, 피하기/쫓기, 싸우기 등은 공격적 행동으로 분류하여 그 빈도를 측정한다.

주의사항

실험 전 동물의 행동을 비공격적 행동 또는 공격적 행동으로 분류하여 관찰자들 사이에 조작적 정의를 내리는 것이 중요하다. 행동을 관찰하는 실험자 간에 조작적 정의의 기준이 다를 경우 부정확한 측정결과가 산출된다.

3. 요약

정신분열증은 만성적이며, 개인의 전반적인 기능을 손상시키는 정신질환으로 세계 인구의 약 1%가 이 병에 시달리고 있다. 정신분열증 증상은 양성증상, 음성증상으로 나눌 수 있다. 정신분열증의 동물모델은 신경전달물질의 이상모델, 정신생리학적 구조모델(Psychophysiologic construct model), 신경발달적 모델, 그리고 유전적 모델 등이 있다.

그리고 정신분열증의 행동검사에는 감각기능 검사에 open field test, 인지기능 검사에 prepulse inhibition test, latent inhibition test, water maze test가 있으며, 정서기능 검사로는 social interaction test, forced swim test가 사용되고 있다.

4. 더 읽을거리

Becker, A., Peters, B., Schroeder, H., Mann, T., Huether, G., & Grecksch, G. (2003). Ketamine-induced changes in rat behaviour : A possible animal model of schizophrenia. *Prog Neuropsychopharmacol Biol Psychiatry, 27,* 687-700.

Crawley, J. N. (2000). *What's wrong with my mouse? : Behavioral phenotyping of transgenic and knockout mice.* New York : Wiley-Liss.

Kilts, C. D. (2001). The changing roles and targets for animal models of schizophrenia. *Biol Psychiatry, 50,* 845-855.

Lipska, B. K., & Weinberger, D. R. (2000). To model a psychiatric disorder in animals : schizophrenia as a reality test. *Neuropsychopharmacology, 23,* 223-239.

12

발작성 질환 / 간질

1. 도입

발작(seizure)은 뇌조직에 어떤 기능장애가 있을 경우 급작스럽게 비정상적이고 과도한 전기적 활동이 발생하게 되고, 이로 인해 일시적이고 가역적으로 행동에 이상이 생기는 현상을 말한다. 발작성 질환(seizure disorders)이란 발작과 관련된 모든 상황을 통칭하여 임상적으로 빈번히 사용되는 용어이며, 간질이란 발작현상이 장기간에 걸쳐 반복적으로 발생하는 특정한 상태를 가리킨다.

간질은 여러 가지 요인들이 복합적으로 작용하여 발병하는 것으로 알려져 있으며 크게 선천적 요인과 후천적 요인으로 나눌 수 있다. 간질환자의 약 30%는 뚜렷하게 후천적인 요인이 없어 선천적 요인에 의한 것으로 생각되며, 대뇌의 화학적, 전기적 흥분성의 정도나 비정상적인 흥분상태에서 발작이 발생하는 역치의 개인별 차이가 유전에 의해 결정됨을 시사한다. 반면 약 70%의 환자들에게서는 후천적 뇌손상이 보이는데, 선천적 기형, 두뇌외상, 신경계감염, 뇌종양, 뇌혈관질환, 여러 가지 전신질환 등의 다양한 원인들에 의해 발생한다. 다양한 발작현상은 간질 증후군이라는 단일 질환으로 분류되며 임상적 특징에 따라 세분할 수 있다. 크게는 발작현상에 따라 단순부분발작과 복합부분발작으로 나눈다. 단순부분발작에서 운동증후는 대뇌피질의 운동영역이나 전두엽에서 시작되어 신체 일부분에 근육수축 혹은 근육 강직현상이 일어나며, 감각증후는 대뇌의 감각피질에서 시작되어 촉각, 시각, 청각에 걸쳐 일시적인 환각증상이 나타난다. 자율신경증후는 자율신경계와 연결되는 부위의 발작으로 인해 오심, 구토, 발한, 안면홍조 등의 자율신경증상이 나타나며, 정신증후는 주로 변연계와 그 주변의 측두엽 및 안와전두피질에서 비롯되어 공포감, 불안감 등 다양한 형태로 표현된

다. 복합부분발작은 발작 시 환자의 의식에 변동이 있어서 불러도 반응이 없거나 발작 후 전혀 기억을 하지 못하는 등 일시적으로 비정상적이고 불완전한 사고과정을 경험한다.

이처럼 인간의 경우 간질은 뇌의 여러 부위에서 나타나는 비정상적인 전기활동으로 인해 경련성, 비경련성 발작이 일어나는 것으로 정의할 수 있다. 이는 동물에서도 마찬가지지만 동물모델을 이용한 간질 연구의 경우에는 특히 운동장애, 즉 운동실조(ataxia), 부동성(immobility), 경련(convulsion) 등에 제한적인 중점을 둔다.

간질의 동물모델은 독특한 운동장애(주로 발작)를 보이는 자연적인 돌연변이체에서 발견되며 이들의 운동장애는 뇌내 과다한 전기활동, 전정기관 결함, 척수운동뉴런과 소뇌의 구조적 결함을 반영한다. 대표적인 동물모델 중에 stargazer 마우스는 일시적으로 동결반응(freezing)을 보이면서 머리를 위로 향해 하늘을 응시하는 비정상적인 자세를 취한다. tottering/learner 마우스는 4~6 주령 때부터 지속적인 발작이 관찰된다. 좀 더 구체적으로, reeler 마우스는 뒷다리의 운동장애를 보이고, dancing 마우스에서는 불규칙적인 주행활동(erratic running)이 관찰되며, staggerer 마우스와 twitcher 마우스는 rotarod 검사와 wire suspension 검사에서 낮은 수행성적을 보인다.

자연적 돌연변이 외에 흥분성 약물을 주입하여 뇌내 과다한 전기활동을 촉발시킴으로써 간질 동물모델을 만들 수 있다. penicillin, bicuculline, picrotoxin은 GABA$_A$가 매개하는 억제성활동전위(IPSP)를 차단하며, 4-aminopyridine dendrotoxin MCD peptide는 칼륨전위를 감소시켜 신경활동(EPSP, IPSP 모두)의 증가를 야기한다.

유전자조작 동물모델도 간질발작 연구에 대한 주요 모델 중 하나이다. 5-HT2C knockout 마우스는 간질발

작에 민감하여 결국은 죽음에 이른다. Fyn kinase knock-out 마우스에서는 청각성 발작(audiogenic seizure)이 관찰되며, 경련 관련 약물에 높은 민감도를 보인다. GluR-B mutant 마우스에서는 이상운동증상(반복적인 jumping, running)이 관찰되며, 사후검시결과 해마 CA3 영역의 신경퇴화가 확인되었다. E6-AP ubiquitin ligase gene의 유전자 변형 동물은 몸무게와 뇌 무게의 감소, rotarod 검사에서의 낮은 수행성적, 청각성 발작을 보인다.

이처럼 다양한 간질의 동물모델을 이용하여 여러 가지 감각, 운동, 정서, 인지기능 검사를 수행할 수 있으며, 이러한 검사결과들은 간질의 신경학적 기제를 밝히고 임상적 치료방법을 개발하는 데 도움이 된다.

2. 행동검사

1. 감각기능 검사

   ① Acoustic startle response test

2. 운동기능 검사

   ① Open field test

   ② Rotarod test

3. 정서기능 검사

   ① Elevated plus maze test (EPM)

   ② Forced swim test (FST)

4. 인지기능 검사

   ① Water maze test I (hidden platform version)

   ② Radial arm maze test

5. 기타 기능 검사

   ① Social interaction test

감각기능 검사 1

검사명	Acoustic startle response test
실험 목적	본 검사는 감각운동 처리 과정에 대한 일반적인 정보를 제공할 수 있다. 또한 다양한 크기의 소리 (tone)를 들려 주고 각각에 대한 놀람 반응을 측정함으로써 청각 능력 및 청각 역치를 측정할 수 있다. Seizure disorder / Epilepsy 동물의 경우 기본적인 감각운동의 처리에 문제가 있는지 평가할 수 있으며, 또한 다른 검사를 수행하기 위해 필요한 청각 능력 자체의 이상 여부를 확인할 수 있다.

실험 장비

놀람 반응을 측정하는 실험 장비는 실험실마다 다를 수 있으며, 상용화된 장비들도 다양하나 대개 다음과 같은 장비가 필요하다.

1. 동물을 가볍게 구금할 수 있는 상자
2. 5~1000ms까지 범위의 자극을 일정한 강도로 내보낼 수 있는 자극 통제 시스템
3. 동물의 놀람 반응을 측정할 수 있는 장비와 프로그램 : 동물 움직임의 가속도를 측정할 수 있는 장비, 측정된 데이터를 디지털화시킬 수 있는 프로그램
4. 놀람 반응을 측정하는 개별 장비를 넣을 방음 상자 : 작은 환풍기를 달아 환기가 잘 되도록 해야 하며, 적정 수준의 배경잡음을 제공할 수 있어야 함.
5. 소리를 제공할 수 있는 기기와 스피커

실험 절차

1. 각 검사를 위해 먼저 동물을 5분 동안 구금상자에 넣어 실험 상황에 적응시킨다. 이때 백색잡음을 배경에 넣어준다.
2. 3회의 120dB, 40ms의 놀람 자극을 제시한다. 이 자극에 대한 반응은 분석에 포함시키지 않으나 놀람 자극에 대한 기저선 반응으로 분석할 수도 있다.
3. 동물에게 70~120dB 수준의 소리(40ms duration, 20~60s ITI)를 단계별로 나누어 임의적인 순서로 노출시킨다.
4. 각각의 소리에 대해 동물의 놀람 반응을 측정한다.
5. 총 50회 이상 시행을 실시한다.

주의사항

1. 동물을 구금상자에 넣고 미리 적응시키는 절차가 필요하다. 예를 들어 실험 3일 전부터 20분간(실험 시간) 3일 동안 동물을 구금상자에 적응시킬 수 있다.
2. 백색잡음을 70~75dB로 배경에 깔아주는 것이 필요하며, 실험에 사용되는 소리 이외에 다른 소리가 들리지 않도록 하여 동물이 갑작스런 외부 잡음에 오반응을 하지 않도록 한다.
3. 동물의 반응이 동물 크기에 좌우되므로 rat이 피험동물일 때보다 mouse가 피험동물일 때 더 민감한 장비가 필요하다.

운동기능 검사 1

검사명	Open field test
실험 목적	본 검사는 동물의 일반적인 보행활동수준을 알아보기 위한 검사이다. Seizure disorder / Epilepsy 동물의 경우 운동기능에 손상을 보이는 경우가 많으므로, 인지기능 검사 등 보다 복합적인 검사를 실시하기 위해서는 동물의 기본적인 활동수준을 검사해야 할 필요가 있다.

실험 장비

전형적인 open field 검사는 동물이 움직이기 충분한 사각형 모양의 개방된 상자(rat의 경우 77cm×77cm×25cm, mouse의 경우 40cm×40cm×27cm의 나무 혹은 아크릴 상자)에서 이루어진다.

1. 개방장 전체를 주변부와 중심부로 구분
2. 비디오 모니터와 컴퓨터 트랙킹 : 중심부와 주변부 움직임 측정

실험 절차

1. 검사하기 30분 전에 동물을 행동 검사실에 미리 적응시킨다.
2. 동물을 출발상자에서 60초간 적응시킨 후 출발상자의 문을 열어 출발시킨다.
3. 상자에서의 행동은 보통 10~20분 동안 미리 정해둔 시간만큼 기록하며, 측정치들은 다음과 같다.
   ① 출발 잠재기(start latency, 제한시간 60초)
   ② 중심부에서의 활동(컴퓨터 트랙킹 혹은 관찰자가 측정)
   ③ 주변부에서의 활동(컴퓨터 트랙킹 혹은 관찰자가 측정)
   ④ 앞발 들기(rearing)
   ⑤ 몸치장(grooming)
   ⑥ 대변, 소변

주의사항

이전 실험동물의 대소변이 이후 실험동물에게 후각 단서로 작용하여 행동에 영향을 주는 것을 막기 위해 검사 후 상자를 에탄올(70%)로 잘 닦아주어야 한다.

운동기능 검사 2

검사명	Rotarod test
실험 목적	본 검사는 동물을 회전하는 원통 위에서 강제로 걷게 하여, 동물(특히 rat, mouse)의 운동 협응기능과 균형감각을 평가한다. 회전원통의 속도조절 방법에 따라 constant speed model과 acceleration speed model로 구분되며, 회기를 반복하여 운동기능뿐만 아니라 운동학습능력도 측정할 수 있다. seizure disorder / epilepsy 동물의 경우 보다 고차원적인 운동기능의 손상을 확인하기 위해 실시한다.

실험 장비

1. rotarod 장비는 기본적으로 긴 회전원통(drum)을 칸막이(panel)로 나누어 몇 개의 독립적인 레인(lane)으로 구성한 형태이다. 회전원통의 직경은 장비와 실험동물에 따라서 30~100mm로 다양하다. 회전원통의 너비(즉 레인의 너비)는 실험동물이 보행하기에 적절한 공간이 되도록 칸막이를 세우며 장비에 따라 대략 60~140mm로 다양하다.
2. 회전원통의 회전속도를 조절할 수 있는 제어장치가 있으며, 각각의 레인에는 동물이 떨어지는 시간(fall-off time)을 기록할 수 있는 개별 초시계가 설치되어 있다.

실험 절차

1. 동물을 회전원통에 올려놓고 처음에는 4rpm 정도의 속도로 천천히 적응시킨다.
2. constant speed model 혹은 acceleration speed model을 적용한다.
   ① constant speed test - 1~100rpm 사이에서 일정 속도를 선택, 동일한 속도로 원통을 회전시켜 동물의 움직임을 검사한다.
   ② acceleration speed test - 일정 검사시간 동안 원통의 회전속도를 서서히 증가시켜 동물의 움직임을 검사한다. 본 검사를 며칠(4~5일)동안 반복하여 수행성적이 향상되는 양상을 측정하면 운동학습능력을 검사할 수 있다.
3. 동물이 회전원통 위에서 떨어지는 시간(fall-off time) 혹은 일정 횟수만큼 떨어질 때까지 걸리는 시간을 측정하여 통제집단과 비교하거나 학습양상을 살펴본다.

주의사항

1. 본 검사는 기본적으로 동물이 높은 곳에서 떨어지지 않으려 하는 동기를 이용하여 회전하는 원통 위를 강제로 걷도록 하는 것이다. 그러므로 검사를 시행하기 위해서는 우선 동물의 깊이 지각 능력을 확인해야 한다.
2. 회전원통의 높이가 동물에게 지나치게 높으면 불안수준 증가로 인해 수행에 영향을 주고, 반대로 높이가 지나치게 낮으면 오히려 원통 위에서 뛰어내리는 것을 학습할 수 있으므로 높이 설정에 주의해야 한다.
3. 이전 동물의 냄새가 수행에 영향을 줄 수 있으므로 한 번의 검사가 끝날 때마다 에탄올(70%)로 장비를 닦아낸다.

| 정서기능 검사 1 |

검사명	Elevated plus maze test (EPM)
실험 목적	본 검사를 이용하여 동물의 새로운 환경을 탐색하고자 하는 경향과 개방되고 높은 공간에 대해 혐오적 반응을 보이는 경향의 자연적인 갈등 속에서 동물의 정서를 반영하는 행동을 측정할 수 있다. 높은 불안수준을 보이는 동물의 경우 전반적인 탐색활동의 저하와 혐오적 환경에 대한 민감성을 보이므로, 이 검사를 통해 발작성 질환 및 간질 동물모델의 정서불안 연구를 위한 토대를 제공한다.

실험 장비

정서반응을 측정하는 실험 장비와 시간은 실험실마다 다를 수 있으며, 상용화된 장비들도 다양하나 대개 다음과 같은 장비가 필요하다.

1. 60W 전구
2. 십자모양의 아크릴 소재로 만든 미로

중앙에 7.5cm×7.5cm의 사각의 플랫폼이 있고, 그 플랫폼을 둘러싸고 길이 40cm, 폭 8cm의 네 개의 통로가 십자모양으로 붙어있음. 서로 마주하고 있는 두 개의 통로는 28.5cm 높이의 벽으로 막힌 폐쇄형 공간이고, 나머지 마주하는 두 개의 통로는 동물이 떨어지지 않도록 1cm 높이의 턱이 있는 개방된 공간으로 구성. 바닥에서 50cm 높이에 설치.

실험 절차

1. 동물을 중앙의 플랫폼에서 개방형 통로 쪽을 향하게 하여 놓는다.
2. 개방형 통로와 폐쇄형 통로에 각각 출입한 횟수와 머문 시간을 기록한다.
3. 총 8~10분 동안 실시한다.

주의사항

1. 검사를 시작할 때 동물을 중앙의 플랫폼에서 개방형 통로 쪽을 향해 놓는 것에 주의한다.
2. 한 동물의 검사가 끝난 후에는 다음 동물의 검사를 위해 에탄올(70%)로 장비를 닦는다.
3. 폐쇄형 통로에서 동물이 나오지 않을 수 있으므로 실험실 내외부의 소음과 조명에 유의하여야 한다.

검사명	Forced swim test (FST)
실험 목적	본 검사는 널리 사용되는 우울증 동물모델로, 동물의 우울관련 행동을 관찰하고 평가하는 데 유용하다. 이 검사는 간질환자들에서 주로 관찰되는 우울증을 연구에 대한 동물모델을 제공한다.

실험 장비

실험 장비는 실험실에 따라 다양하지만, mouse의 경우 다음의 장비가 필요하다.

1. 지름 20cm, 높이 40cm의 윗면이 개방된 원통모양의 아크릴 실린더
2. 수온 25±2℃의 물 : 실린더의 바닥에서부터 15cm까지 붓는다.
3. 초시계

실험 절차

1. 동물을 15분 동안 강제로 수영시키고 물에서 건져 올려 마른 수건으로 닦고 사육상자로 돌려 보낸다(pretest session).
2. 24시간 후에 동물을 동일한 장비에 5분 동안 빠트린다(test session).
3. 검사시행 전체를 비디오테이프 등의 기록 장치를 이용하여 기록하고, 기록된 테이프를 통해 test session(5분) 동안 다음의 동물의 행동이 나타나는 시간을 측정한다. 또는 5초에 한 번씩 sampling하는 방식으로 3종류 동물 행동의 시간(time)과 빈도(frequency)를 측정한다.
   ① immobility behavior - 동물이 발버둥치지 않고 물 위에 떠 있는 행동으로, 수면 밖으로 머리를 내놓는 데 필요한 움직임 이외에는 아무 움직임이 없는 상태이다. 부동성의 증가를 절망행동의 지표로 삼는다.
   ② swimming behavior - 실린더 주위를 수평 방향으로 움직이는 행동으로, immobility behavior보다는 더 적극적으로 움직이는 행동이다.
   ③ climbing behavior - 벽을 향해 앞발을 물 안팎으로 차올리는, 다소 격렬하게 움직이는 행동이다.
4. 검사 회기(test session) 동안 각 행동을 측정한다. 혹은 검사전 회기(pretest session) 15분 중 마지막 5분과 검사 회기 5분의 측정치를 비교한다.

주의사항

1. 동물 행동은 두 사람 이상의 훈련된 실험자들이 측정한다.
2. 매 시행마다 깨끗한 물로 바꾼다.
3. 동물을 최초로 물에 빠트릴 때에는 동물의 머리까지 물에 빠지지 않도록 살짝 놓는다.
4. 행동수준 자체에 영향을 줄 수 있는 처치를 했을 경우 본 실험상에서 나타난 행동의 변화가 기저행동 수준의 변화 때문일 수도 있으므로 결과해석에 주의를 기울여야 한다. 행동수준이 다를 경우 기저선(baseline)에서의 상대적 변화량을 측정치로 삼는 것이 좋다.

인지기능 검사 1

검사명	Water maze test Ⅰ(hidden platform version)
실험 목적	본 검사는 학습과 기억을 평가할 수 있는 검사로 가장 많이 사용된다. 가장 일관적인 연구결과는 해마 손상 동물이 본 검사에서 수행 능력에 결함을 보인다는 것이다. 이 검사를 통해 간질의 동물모델에서 공간학습 능력을 평가할 수 있다.

실험 장비

실험 장비는 실험실마다 다를 수 있으며, 상용화된 장비들도 다양하나 대개 다음과 같은 장비가 필요하다.

1. 원형으로 된 swimming pool(rat의 경우 지름 150~180cm, 높이 50cm ; mouse의 경우 사용 가능한 pool의 지름이 85~180cm까지 다양)
2. swimming pool에 넣을 깊이 25cm, 25±1℃의 물
3. 탈지분유(물을 불투명하게 하여 도피대가 보이는 것을 방지)
4. 지름 10cm, 높이 23~24cm의 나무나 아크릴로 만들어진 도피대
5. 비디오 카메라(pool의 가운데 위에 설치되어 동물의 움직임을 기록)
6. 공간 단서(동물이 도피대 위치를 배우게 하기 위한 단서)

실험 절차

1. 훈련 시작 하루 전에 도피대가 없는 swimming pool에서 60초 동안 자유롭게 수영하게 하여 수영하는 상황에 적응시킨다.
2. 훈련이 시작되면 동물을 4사분면 중 한쪽 벽면에 배가 닿도록 하여 동물을 물 안으로 놓아준다.
3. 5일 동안 하루에 3~6trial 씩 물에 잠겨 있는 도피대의 위치를 찾아 올라가도록 훈련시킨다. 각 시행마다 임의의 사분면에서 출발하도록 한다.
4. 동물이 도피대를 찾아 올라갈 때까지의 잠재기(도피잠재기)를 측정하고, 만약 60초 내에 도피대의 위치를 찾아내지 못했다면 동물이 수영하도록 하면서 실험자가 도피대로 인도해 준다.
5. 동물이 도피대에 일단 올라가면 도피대 위에서 30초간 머무르도록 한다.
6. 훈련이 끝난 회기 24시간 후에 probe trial을 시행한다. 도피대없이 60초 동안 자유 수영을 하게 하여 이전 도피대의 위치에 대한 기억을 보유하고 있는지에 대한 검사를 실시한다.

주의사항

1. 도피대는 수면에서 1~2cm 아래에 두며, 수면 위에서 보이지 않도록 한다.
2. 관찰자의 위치도 공간 단서가 될 수 있으므로 항상 동일한 위치에서 실험을 진행하도록 한다.

검사명	Radial arm maze test
실험 목적	본 검사는 장소기억과 작업기억을 측정하는 과제이다.

실험 장비

실험 장비는 실험실마다 다를 수 있으며, 상용화된 장비들도 다양하나 대개 다음과 같은 장비가 필요하다.

1. 방사형 미로 – rat의 경우 70cm×10cm, mouse의 경우 28cm×5cm의 8개 통로로 구성되며, 중앙부 플랫폼의 직경은 30~60cm로 다양하다. 통로의 높이는 동물이 통로 밖으로 나오지 못하도록 충분히 높거나 개폐 가능한 투명한 뚜껑을 씌울 수도 있다. 각 통로 입구에는 개폐 가능한 칸막이가 설치되어 있다.
2. 초시계
3. 공간 단서

실험 절차

1. 핸들링(handling)
   ① 2~3일 동안 매일 5분씩 핸들링을 한다. 보상에 대한 동기수준을 높이기 위해 먹이 박탈을 시작한다.
2. 적응(adaptation)
   ① 통로에 먹이를 흩뜨려 놓고 8개 통로 입구를 모두 열어놓은 채로 10분 동안 동물을 미로에 놓아둔다.
   ② 다음날부터 점점 더 통로 끝쪽에 가깝게 먹이를 놓아둔다. 넷째 날에는 통로 끝에 놓인 보상용기(reward cup)에서만 먹이를 먹을 수 있게 한다.
3. 훈련(training)
   ① 실험실에서 동물을 10분간 적응시킨다.
   ② 8개의 통로 끝에 놓인 보상 상자에 소량의 먹이를 공급하고 통로 입구를 모두 닫는다.
   ③ 동물을 미로의 중앙부에 넣고 60초간 적응시킨 후, 각 통로 입구를 동시에 개방하여 5분간 동물이 자유롭게 미로 안을 탐색하도록 한다.
   ④ 동물이 5분 동안 각 통로에 모두 들어가 8번의 보상을 받도록 학습시킨다.
   ⑤ 동물은 새로운 통로에 들어갈 경우 통로 끝에 있는 보상용기의 먹이를 먹을 수 있지만, 동일한 통로에 반복하여 들어갈 경우에는 보상(먹이)이 제공되지 않는다. 이 경우를 오류반응(error)으로 기록하여 선택 정확성 척도(choice accuracy measure)로 삼는다. 이 경우 오류반응은 작업기억 오류(working memory error)이다.
   ⑥ 2일간 연속적으로 1개 이하의 오류를 범하는 수준에 도달하면 학습이 완료된 것으로 간주한다. 이 학습 준거에 도달할 때까지 소요된 학습 일수를 학습 성적으로 삼는다.

주의사항

1. 먹이 박탈은 동물의 동기수준을 높이기 위한 것이므로 지나친 감량이 되지 않도록 매일 동물의 몸무게 변화를 관찰한다.

2. 각 시행에서 공급하는 먹이의 양은 소량으로 조절한다.

3. 시행 간에는 미로에 후각 단서가 남아 있지 않도록 깨끗이 닦는다.

기타 기능 검사 1

검사명	Social interaction test
실험 목적	본 검사를 통해 일반활동성 및 동물 간에 보이는 공격행동과 불안수준을 측정할 수 있다.

실험 장비

1. 동물들이 자유롭게 돌아다닐 수 있을 만한 크기의 사각형 상자(rat의 경우 77cm×77cm×25cm, mouse의 경우 52cm×52cm×25cm)
2. 동물의 행동을 관찰하기 위한 비디오 장치나 tracking 시스템
3. 실험 상자를 관찰하기 위한 붉은 빛의 전등

실험 절차

1. 동물을 행동 관찰실에서 30분간 적응시킨다.
2. 두 마리의 동물을 실험 상자의 양 끝에 두고 20분간 행동을 관찰한다.
3. 두 동물이 보이는 행동 중 냄새맡기, 따라다니기, 기어다니기, 수동적 접촉 등은 비공격적인 행동으로, 물기, 뛰기, 차기, 피하기/쫓기, 싸우기 등은 공격적 행동으로 분류하여 그 빈도를 측정한다.

주의사항

실험 전 동물의 행동을 비공격적 행동 또는 공격적 행동으로 분류하여 관찰자들 사이에 조작적 정의를 내리는 것이 중요하다. 행동을 관찰하는 실험자 간에 조작적 정의의 기준이 다를 경우 부정확한 측정결과가 산출된다.

3. 요약

Seizure disorder 또는 epilepsy는 단순히 간질발작 자체뿐만 아니라 장기적으로는 인지기능 저하, 행동심리학적 변화, 정신의학적 이상 등을 초래한다. 간질은 질환이라기보다는 뇌의 화학적 또는 구조적 장애 등의 다양한 원인에 의해서 나타나는 증상이다. 대뇌에는 수많은 세포들이 시냅스를 맺고 미세한 전기적 신호를 통해 정보를 주고받는데, 이 과정에서 비정상적으로 과도한 흥분이 일어나면 발작이 일어난다. 최근에는 고해상도의 뇌자기공명영상(MRI)을 비롯한 다양한 진단기구들이 발달하면서 해마체의 뇌교증, 두부손상, 뇌종양, 뇌동정맥 기형, 뇌염 후유증, 태아의 성장 시 대뇌 신경세포의 이주장애 등이 간질발작의 원인으로 밝혀지고 있다. 이 같은 결과를 동물모델에 적용하여 많은 연구들이 진행되고 있으며, 자연적인 돌연변이 동물 외에 흥분성 약물을 주입하거나 유전자 조작을 통해 다양한 간질 동물모델이 개발되고 있다. 이러한 동물모델을 이용하여 다양한 감각기능, 운동기능, 인지기능, 정서기능을 검사할 수 있는데, 감각기능 검사에는 acoustic startle response test, 운동기능 검사에는 open field test, rotarod test, 인지기능 검사에는 water maze test, radial arm maze test, 정서기능 검사에는 elevated plus-maze test, forced swimming test 등이 있다.

국내 전문가 :
최수영(한림대) sychoi@hallym.ac.kr

4. 더 읽을거리

민성길(1995). **최신정신의학**, 일조각.

Crawley, J. N. (2000). *What's wrong with my mouse? : Behavioral phenotyping of transgenic and knockout mice*. New York : Wiley-Liss.

Garcia-Cairasco, N., Oliveira, J. A., Wakamatsu, H., Bueno, S. T., & Guimaraes, F. S. (1998). Reduced exploratory activity of audiogenic seizures susceptible Wistar rats. *Physiol Behav, 64,* 671-674.

He, J., Yamada, K., Nakajima, A., Kamei, H., & Nabeshima, T. (2002). Learning and memory in two different reward tasks in a radial arm maze in rats. *Behav Brain Res, 134,* 139-148.

Stafstrom, C. E. (2002). Assessing the behavioral and cognitive effects of seizures on the developing brain. *Prog Brain Res, 135,* 377-390.

13

뇌졸중

1. 도입

뇌졸중(Stroke)은 급작스런 뇌혈류 장해에 의한 뇌손상으로 반신마비(운동, 감각), 언어장애, 걸음걸이 이상 등의 국소적인 신경장애 증상을 일으킨 상태를 말하며 심하면 식물인간 또는 사망에 이르는 심각한 병으로 적절한 예방 및 치료시기를 놓치면 영구적이고 치명적인 후유증이 발생한다. 뇌졸중은 현재 사망률 1위의 질환으로 흔히 "중풍"이라고도 하며 크게 허혈성 뇌졸중(뇌경색)과 출혈성 뇌졸중으로 나뉜다.

허혈성 뇌졸중(ischemic stroke 또는 뇌경색 cerebral infarction) - 뇌혈관이 막혀서 생기는 뇌졸중으로, 혈전에 의해 혈관이 점점 좁아지다가 막혀서 생기는 혈전성 뇌경색(thrombotic infarction)과 큰 혈관에서 생긴 혈전이 떨어져 나와 뇌혈관을 막아 생기는 색전성 뇌경색(embolic infarction), 오래된 고혈압에 의해 뇌 안의 작은 동맥이 손상되어 막히는 열공성 뇌경색(lacunar infarction)으로 다시 구분된다.

출혈성 뇌졸중(hemorrhagic stroke) - 고혈압에 의해서 뇌혈관이 터져서 생기는 뇌내출혈(뇌출혈)과 부분적으로 뇌혈관 벽이 약해서 생기는 꽈리 모양의 뇌동맥류나 뇌혈관 기형이 터져 생기는 지주막하출혈로 나눌 수 있다.

뇌졸중 연구에 주로 사용되는 동물모델은 크게 global ischemia, focal ischemia, hemorrhagic stroke의 3가지로 나뉜다. global ischemia 모델은 전뇌에 공급되는 주요 혈관들을 막아 뇌를 전반적으로 크게 손상시킨 모델로 최근에는 잘 사용되지 않으며 focal ischemia 모델은 특정 한 혈관을 막아 뇌의 일부를 손상시킨 모델로 일시적으로 손상을 주기도 하고 영구적으로 손상을 주기도 한다. 특히 사람의 ischemic strokes에서 중대뇌동맥(middle cerebral artery ; MCA) 폐색(occlusion)이 많기 때문에 MCAO의 focal ischemia 모델이 많이 사용되고 있다. Hemorrhagic 모델은 뇌에 아교질분해효소(collagenase)를 주입하고 출혈을 일으키는 모델로 출혈성 뇌졸중의 동물모델이다.

2. 행동검사

1. 신경학적 검사
   ① Limb placing test
   ② Righting reflex test
   ③ Tape test
2. 운동기능 검사
   ① Rotarod test
   ② Grid walking and footfault test
   ③ Open field test
3. 인지기능 검사
   ① Water maze test I(hidden platform version)

신경학적 검사 1

검사명	Limb placing test
실험 목적	본 검사는 촉각과 고유수용감각을 이용하여 반사적으로 사지반응을 할 수 있는지를 검사하고자 한다.

실험 장비

모서리가 있는 평평한 탁자

실험 절차

각각의 항목들은 다음과 같이 점수를 매긴다.

2점 : 2초 이내에 정확히 수행한다.

1점 : 수행하는 데 2초 이상의 시간이 걸린다.

0점 : 가만히 있거나, 시도는 하지만 수행하지 못한다.

합산된 총 점수가 placing reflex 점수(0~24점)이다.

1. 머리만 탁자 위쪽에 있게 띄우고 탁자 모서리에 앞 발등을 닿게 하여 앞발을 모서리에 올리는지 관찰
2. 1에 이어 계속해서 탁자에 턱이 닿을 때까지 눌러서 계속 모서리를 잡고 있는지 관찰
3. 앞발로 탁자 모서리를 잡게 하고(뒷다리는 공중에) 앞발을 한 발씩 탁자 아래로 당겨 내려 다시 올리는지 관찰(한 발당 2점)
4. 3번과 동일하게 하되 머리를 45° 올려 보지 못하게 하고 시행(한 발당 2점)
5. 뒷발까지 탁자 위에 얹고(뒷발이 모서리에 걸치게) 한 발씩 탁자 아래로 당겨 내려 다시 올리는지 관찰(한 발당 2점)
6. 왼쪽 앞발과 뒷발이 모서리에 걸치게 모서리를 따라 탁자에 길게 몸을 얹고 탁자 아래로 당겨 내려 다시 올리는지 관찰(한 발당 2점)
7. 오른쪽 앞발과 뒷발이 모서리에 걸치게 모서리를 따라 탁자에 길게 몸을 얹고 탁자 아래로 당겨 내려 다시 올리는지 관찰(한 발당 2점)

주의사항

1. 피험동물의 위치와 자세를 정확히 잡아주어야 한다(모서리에 정확히 위치시켜야 하며, 약간이라도 안쪽으로 들어오면 반응이 나타나지 않을 수도 있다).
2. 뇌졸중 동물모델의 경우 양쪽 뇌손상의 범위 차로 양쪽 사지의 placing reflex 점수의 차이가 관심의 대상이 된다. 따라서 1번과 2번을 제외한 나머지 항목의 점수는 왼쪽 사지와 오른쪽 사지에 대한 점수를 따로 합산한 왼쪽 placing reflex 점수, 오른쪽 placing reflex 점수(각각 0~10점)로 계산한다.

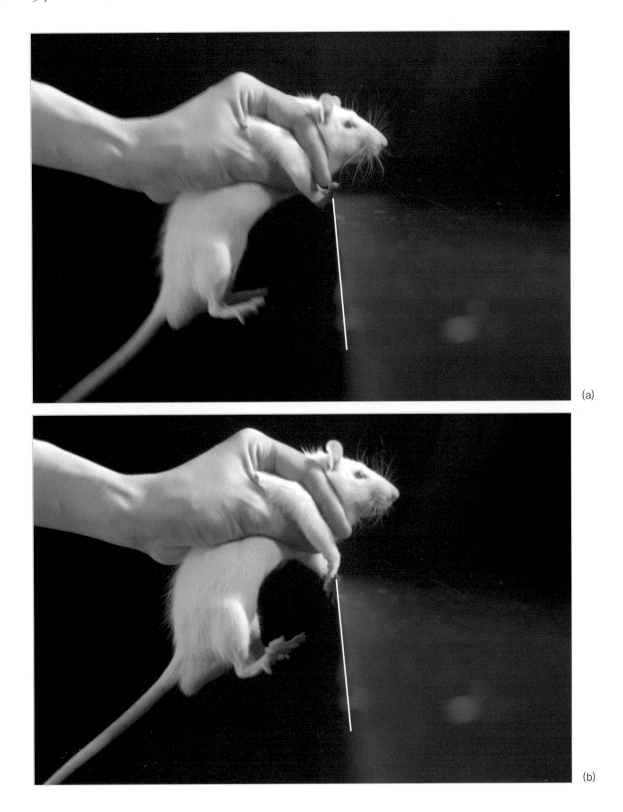

(a)

(b)

Fig 25. Limb placing test 1

동물의 머리를 탁자 위쪽으로 띄우고(a), 탁자 모서리에 앞 발등을 닿게 하여 앞발을 모서리에 다시 올리는지 관찰한다(b).

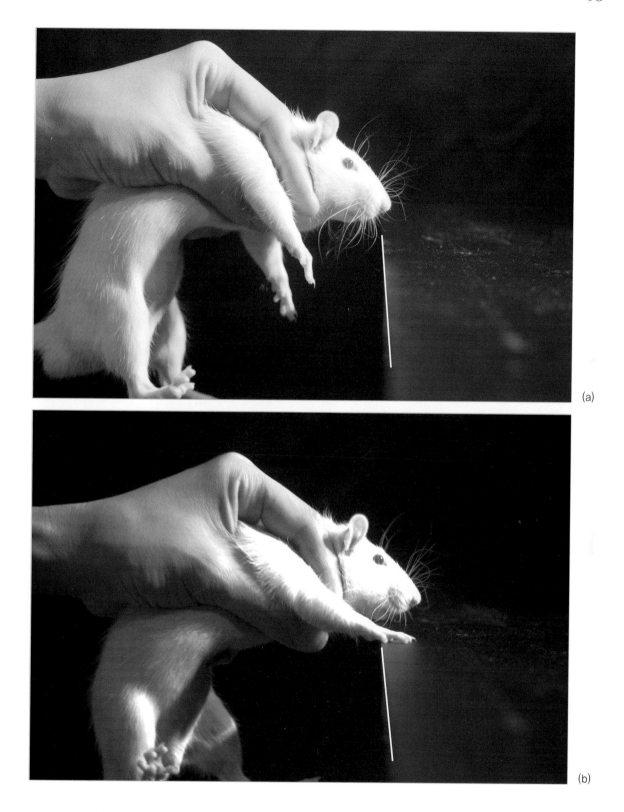

(a)

(b)

Fig 26. Limb placing test 2

동물의 머리를 탁자에 턱이 닿을 때까지 눌러서 앞발이 계속 모서리를 잡고 있는지 관찰한다(a, b).

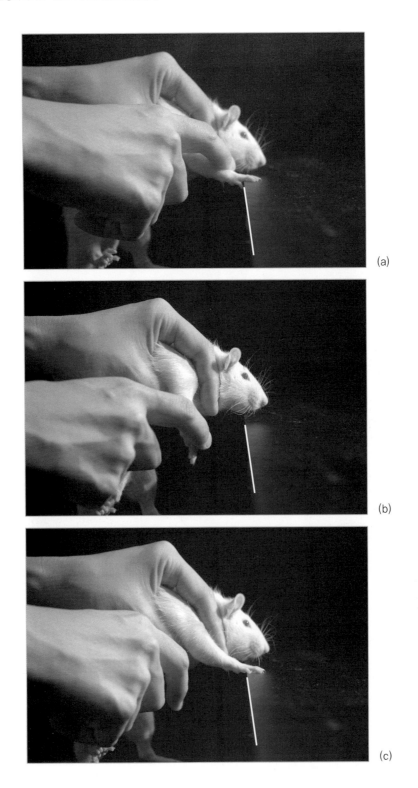

Fig 27. Limb placing test 3

동물의 뒷다리는 공중에 띄우고 앞발로 탁자 모서리를 잡게 한 후(a), 앞발을 한 발씩 탁자 아래로 당겨 내려(b), 다시 올리는 지 관찰한다(c).

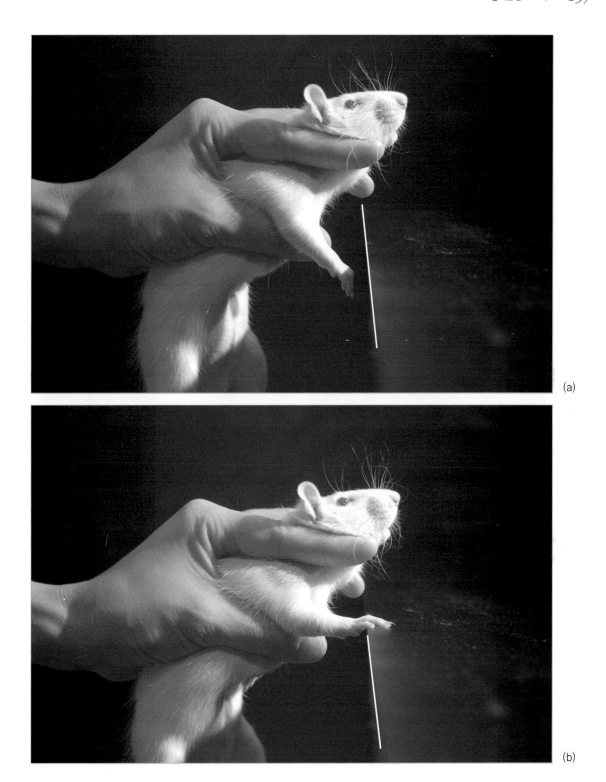

Fig 28. Limb placing test 4

동물의 머리를 45° 올려 탁자를 보지 못하게 하고 탁자 모서리를 잡게 한 후(a), 앞발을 한 발씩 탁자 아래로 당겨 내려 다시 올리는지 관찰한다(b).

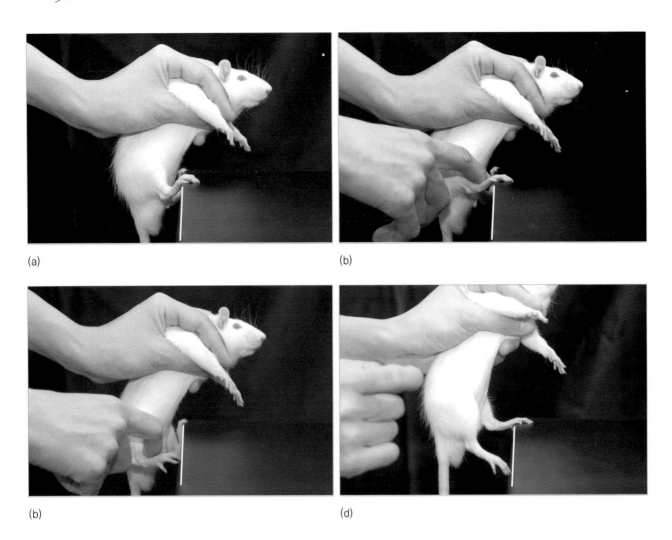

(a)

(b)

(b)

(d)

Fig 29. Limb placing test 5

뒷발을 탁자 위에 얹고(a), 한 발씩 탁자 아래로 당겨 내려(b, c), 다시 올리는지 관찰한다(d).

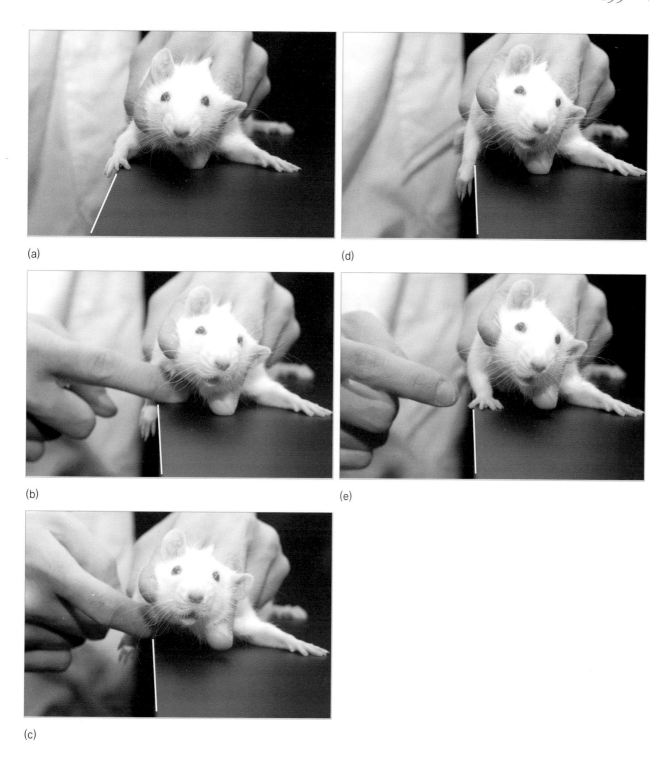

(a)

(b)

(c)

(d)

(e)

Fig 30. Limb placing test 6-7

한쪽 앞발과 뒷발이 모서리에 걸치도록 동물의 몸을 탁자에 얹고(a), 한 발을 탁자 아래로 당겨 내려(b, c, d), 다시 올리는지 관찰한다(e).

신경학적 검사 2

검사명	Righting reflex test
실험 목적	본 검사를 통해서 반사적으로 반응하는 평형 기관의 기능을 측정한다.

실험 장비

스펀지 매트

실험 절차

surface righting reflex와 air righting reflex 두 가지를 검사하여 점수를 합산한다.

surface righting reflex test

1. 동물의 등을 스펀지 매트 위에 닿도록(네 발 모두 하늘로 향하도록) 피험동물의 몸을 뒤집고 순간적으로 놓은 후 네 발로 다시 서는 것을 관찰한다.
2. 2초 이내에 수행하면 2점, 2초 이상 걸려 수행하면 1점, 수행하지 못할 경우 0점을 매긴다.

air righting reflex test

1. 피험동물의 배를 하늘로 향하게 하여 스펀지 매트의 60cm 위에서 떨어뜨린 후, 즉시 네 발로 착지하는 것을 관찰한다.
2. 네 발로 정확히 착지하면 2점, 몸을 절반 이상 돌리다 착지하면 1점, 그보다 못하면 0점을 매긴다.
3. surface righting reflex와 air righting reflex 두 점수를 합산하면 righting reflex 점수(0~4점)가 된다.

주의사항

1. air righting reflex의 경우, 동물이 심한 충격을 받지 않도록 주의하여 떨어뜨린다.
2. 동물의 자세를 정확하게 평정하기 위하여 관찰자의 평정에 대한 사전 훈련이 필요하다.

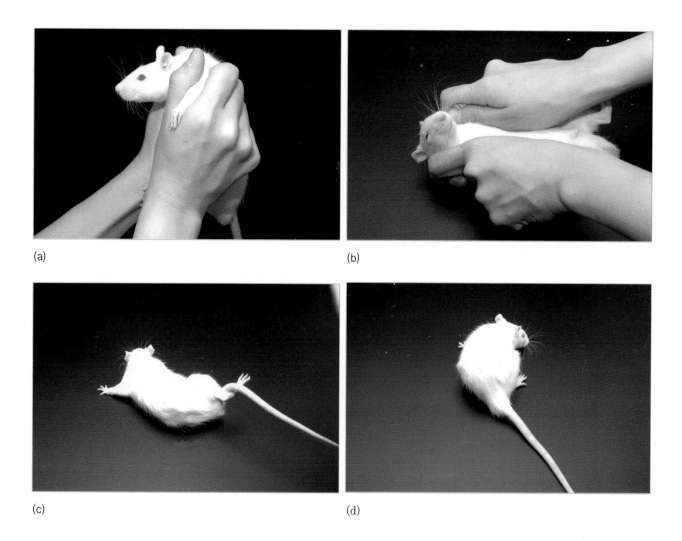

(a)

(b)

(c)

(d)

Fig 31. Surface righting reflex test

동물을 양손으로 잡는다(a). 동물의 등이 스펀지 매트 위에 닿도록 하고(b), 순간적으로 양손을 놓은 후(c), 네 발로 다시 서는 것을 관찰한다(d).

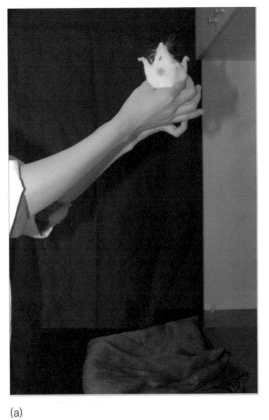

(a)

(b)

(c)

Fig 32. Air righting reflex test

동물을 스펀지 매트의 60cm 위에서 배가 하늘로
향하게 하고(a), 떨어뜨린 후(b), 네 발로 착지하는
것을 관찰한다(c).

신경학적 검사 3

검사명	Tape test
실험 목적	본 검사를 통해서 양쪽 발의 감각운동기능 수행능력을 측정하고 특정 발의 좌우 선호도 정도를 볼 수 있다.

실험 장비

1. rat의 경우, 1cm 폭의 테이프나 라벨
2. 쥐의 행동을 360° 각 방향에서 관찰할 수 있는 상자(예를 들어 투명한 아크릴 원통)

실험 절차

1. 앞발 양쪽에 1cm 폭의 테이프를 잘라서 각각 붙인다.
2. 피험동물을 상자에 넣으면서부터 시간을 측정한다.
3. 다음 두 측정치를 왼발, 오른발 각각에 대하여 2회씩 측정하며, 제한시간은 5분으로 한다.
   ① 테이프를 처음 건드릴 때까지의 잠재기
   ② 테이프를 뗄 때까지의 시간
4. 감각운동기능에 손상이 있는 쪽의 발은 접촉까지의 latency가 길게 나올 것이며(감각기능 저하), 테이프를 뗄 때까지의 시간도 더 걸릴 것이다(운동기능 저하).

주의사항

양쪽 앞발에 테이프를 붙일 때 같은 정도로 힘을 주어 붙인다.

운동기능 검사 1

검사명	Rotarod test
실험 목적	본 검사는 동물을 회전하는 원통 위에서 강제로 걷게 하여, 동물(특히 rat, mouse)의 운동 협응기능과 균형감각을 평가한다. 회전원통의 속도조절방법에 따라 constant speed model과 acceleration speed model로 구분되며, 회기를 반복하여 운동기능뿐만 아니라 운동학습능력도 측정할 수 있다. 뇌졸중 모델 동물의 경우 보다 고차원적인 운동기능의 손상을 확인하기 위해 실시한다.

실험 장비

1. rotarod 장비는 기본적으로 긴 회전원통(drum)을 칸막이(panel)로 나누어 몇 개의 독립적인 레인(lane)으로 구성한 형태이다. 회전원통의 직경은 장비와 실험동물에 따라서 30~100mm로 다양하다. 회전원통의 너비(즉 레인의 너비)는 실험동물이 보행하기에 적절한 공간이 되도록 칸막이를 세우며 장비에 따라 대략 60~140mm로 다양하다.

2. 회전원통의 회전속도를 조절할 수 있는 제어장치가 있으며, 각각의 레인에는 동물이 떨어지는 시간(fall-off time)을 기록할 수 있는 개별 초시계가 설치되어 있다.

실험 절차

1. 동물을 회전원통에 올려놓고 처음에는 4rpm 정도의 속도로 천천히 적응시킨다.

2. constant speed model 혹은, acceleration speed model을 적용한다.
   ① constant speed test – 1~100rpm 사이에서 일정 속도를 선택, 동일한 속도로 원통을 회전시켜 동물의 움직임을 검사한다.
   ② acceleration speed test – 일정 검사시간 동안 원통의 회전속도를 서서히 증가시켜 동물의 움직임을 검사한다. 본 검사를 며칠(4~5일)동안 반복하여 수행성적이 향상되는 양상을 측정하면 운동학습능력을 검사할 수 있다.

3. 동물이 회전원통 위에서 떨어지는 시간(fall-off time) 혹은 일정 횟수만큼 떨어질 때까지 걸리는 시간을 측정하여 통제집단과 비교하거나 학습양상을 살펴본다.

주의사항

1. 본 검사는 기본적으로 동물이 높은 곳에서 떨어지지 않으려 하는 동기를 이용하여 회전하는 원통 위를 강제로 걷도록 하는 것이다. 그러므로 검사를 시행하기 위해서는 우선 동물의 깊이 지각 능력을 확인해야 한다.

2. 회전원통의 높이가 동물에게 지나치게 높으면 불안수준 증가로 인해 수행에 영향을 주고, 반대로 높이가 지나치게 낮으면 오히려 원통 위에서 뛰어내리는 것을 학습할 수 있으므로 높이 설정에 주의해야 한다.

3. 이전 동물의 냄새가 수행에 영향을 줄 수 있으므로 한 번의 검사가 끝날 때마다 에탄올(70%)로 장비를 닦아낸다.

운동기능 검사 2

검사명	Grid walking and footfault test
실험 목적	본 검사는 쳇바퀴를 돌리게 하거나 철망 위를 걷게 하여 수행 중에 발이 빠지는 횟수를 측정하여 동물의 운동협응능력을 측정하고자 한다.

실험 장비

  쳇바퀴 혹은 철망

실험 절차

1. 2분 동안 쳇바퀴를 돌리게 하거나 철망 위를 걷게 하여 발이 미끄러져 빠지는 횟수를 체크한다.
2. 전체 스텝 수를 발이 빠진 횟수로 나누어 slip ratio를 구한다.

주의사항

  시술을 할 경우, 시술 전과 시술 후의 수행이 변화되었는지를 관찰하기 위해서 시술 전에 피험동물을 미리 훈련시켜야 한다.

운동기능 검사 3

검사명	Open field test
실험 목적	본 검사는 동물의 일반적인 보행활동수준을 알아보기 위한 검사이다. 그 밖에 open field 검사를 통해 동물의 행동양상과 특성을 직접 관찰하여 동물의 활동성, 정서성, 행동패턴 등을 알 수 있다. 뇌졸중 모델 동물의 일반적인 운동활동수준과 정서성을 평가하기 위하여 open field test를 실시한다.

실험 장비

전형적인 open field 검사는 동물이 움직이기 충분한 사각형 모양의 개방된 상자(rat의 경우 77cm×77cm×25cm, mouse의 경우 40cm×40cm×27cm의 나무 혹은 아크릴 상자)에서 이루어진다.

1. 개방장 전체를 주변부와 중심부로 구분
2. 비디오 모니터와 컴퓨터 트랙킹 : 중심부와 주변부 움직임 측정

실험 절차

1. 검사하기 30분 전에 동물을 행동 검사실에 미리 적응시킨다.
2. 동물을 출발상자에서 60초간 적응시킨 후 출발상자의 문을 열어 출발시킨다.
3. 상자에서의 행동은 보통 10~20분 동안 미리 정해둔 시간만큼 기록하며, 측정치들은 다음과 같다.
   ① 출발 잠재기(start latency, 제한시간 60초)
   ② 중심부에서의 활동(컴퓨터 트랙킹 혹은 관찰자가 측정)
   ③ 주변부에서의 활동(컴퓨터 트랙킹 혹은 관찰자가 측정)
   ④ 앞발 들기(rearing)
   ⑤ 몸치장(grooming)
   ⑥ 대변, 소변

주의사항

이전 실험동물의 대소변이 이후 실험동물에게 후각 단서로 작용하여 행동에 영향을 주는 것을 막기 위해 검사 후 상자를 에탄올(70%)로 잘 닦아주어야 한다.

인지기능 검사 1

검사명	Water maze test I (hidden platform version)
실험 목적	본 검사는 학습과 기억을 평가할 수 있는 검사로 가장 많이 사용된다. 가장 일관적인 연구결과는 해마 손상 동물이 본 검사에서 수행 능력에 결함을 보인다는 것이다.

실험 장비

실험 장비는 실험실마다 다를 수 있으며, 상용화된 장비들도 다양하나 대개 다음과 같은 장비가 필요하다.

1. 원형으로 된 swimming pool(rat의 경우 지름 150~180cm, 높이 50cm ; mouse의 경우 사용 가능한 pool의 지름이 85~180cm까지 다양)
2. swimming pool에 넣을 깊이 25cm, 25±1℃의 물
3. 탈지분유(물을 불투명하게 하여 도피대가 보이는 것을 방지)
4. 지름 10cm, 높이 23~24cm의 나무나 아크릴로 만들어진 도피대
5. 비디오 카메라(pool의 가운데 위에 설치되어 동물의 움직임을 기록)
6. 공간 단서(동물이 도피대 위치를 배우게 하기 위한 단서)

실험 절차

1. 훈련 시작 하루 전에 도피대가 없는 swimming pool에서 60초 동안 자유롭게 수영하게 하여 수영하는 상황에 적응시킨다.
2. 훈련이 시작되면 동물을 4사분면 중 한쪽 벽면에 배가 닿도록 하여 동물을 물 안으로 놓아준다.
3. 5일 동안 하루에 3~6trial 씩 물에 잠겨 있는 도피대의 위치를 찾아 올라가도록 훈련시킨다. 각 시행마다 임의의 사분면에서 출발하도록 한다.
4. 동물이 도피대를 찾아 올라갈 때까지의 잠재기(도피잠재기)를 측정하고, 만약 60초 내에 도피대의 위치를 찾아내지 못했다면 동물이 수영하도록 하면서 실험자가 도피대로 인도해 준다.
5. 동물이 도피대에 일단 올라가면 도피대 위에서 30초간 머무르도록 한다.
6. 훈련이 끝난 회기 24시간 후에 probe trial을 시행한다. 도피대 없이 60초 동안 자유 수영을 하게 하여 이전 도피대의 위치에 대한 기억을 보유하고 있는지에 대한 검사를 실시한다.

주의사항

1. 도피대는 수면에서 1~2cm 아래에 두며, 수면 위에서 보이지 않도록 한다.
2. 관찰자의 위치도 공간 단서가 될 수 있으므로 항상 동일한 위치에서 실험을 진행하도록 한다.

3. 요약

뇌졸중(stroke)은 혈류의 작은 이상으로도 뇌를 손상시켜 기능적으로 감각, 운동, 언어능력 등의 국소적 신경장애를 일으키는 심각한 뇌질환이다. 허혈성 뇌졸중(ischemic stroke) 동물모델로는 global, focal ischemia 모델이, 출혈성 뇌졸중(hemorrhagic stroke) 동물모델로는 hemorrhagic 모델이 있으며, 뇌의 손상 범위에 따라 차이 나는 결과를 보일 수 있는 검사를 실시하여야 한다. 기본적인 수준에서의 반사능력 검사로는 placing reflex test, righting reflex test가 있으며 tape test를 통해서 양 발의 감각과 운동능력을 동시에 각각 측정할 수 있다. 또한 운동협응능력은 footfault test나 rotarod test를 통해서 측정할 수 있다.

국내 전문가 :

김원기(이화여대) wonki@ewha.ac.kr

4. 더 읽을거리

De Ryck, M., Van Reempts, J., Borgers, M., Wauquier, A., & Janssen, P. A. (1989). Photochemical stroke model : flunarizine prevents sensorimotor deficits after neocortical infarcts in rats. *Stroke, 20,* 1383-1390.

Green, A. R., Ashwood, T., Odergren, T., & Jackson, D. M. (2003). Nitrones as neuroprotective agents in cerebral ischemia, with particular reference to NXY-059. *Pharmacol Ther, 100,* 195-214.

Kim, W. K., Whwang, S.Y., Oh, E. S., Piao, H. Z., Kim, K. W., & Han, I. O. (2004). TGF-beta1 represses activation and resultant death of microglia via inhibition of phosphatidylinositol 3-kinase activity. *J Immunol, 172,* 7015-7023.

Puurunen, K., Jolkkonen, J., Sirvio, J., Haapalinna, A., & Sivenius, J. (2001). An alpha(2)-adrenergic antagonist, atipamezole, facilitates behavioral recovery after focal cerebral ischemia in rats. *Neuropharmacology, 40,* 597-606.

저자소개

김현택

고려대학교 심리학과 생리심리학전공 박사

University of Texas 방문교수

한국 심리학회 총무이사 역임

현) 고려대학교 심리학과 교수

    뇌기능 행동분석 서비스 센터장

    국방부 과학수사연구소 자문위원

〈저서〉

1. 나의 뇌, 뇌의 나 I(역서), 예문지, 1993.

2. 나의 뇌, 뇌의 나 II(역서), 예문지, 1994.

3. 심리학(공저), 학지사, 1996.

4. 현대심리학의 이해(공저), 한국심리학회편, 학문사, 1997.

5. 생리심리학의 기초(역서), 시그마프레스, 1997.

6. 현대심리학 이해(공저), 학지사, 2003.

최준식

University of Massachusetts Amherst, Ph.D. in Neuroscience

    and Behavior

현) 고려대학교 심리학과 교수

    실험심리학회 이사

〈저서〉

1. 느끼는 뇌(역서), 학지사, 2006(출간 예정)

박은혜

고려대학교 심리학과 박사과정 수료 (생물심리학 전공)

현) 고려대학교 강사

    뇌기능 행동분석센터 연구원

이강희

고려대학교 심리학과 박사과정 수료 (생물심리학 전공)

한국정신과학 연구소 연구원

사이버네틱스 기술연구소 연구원

현) 고려대학교 강사

    뇌기능 행동분석센터 연구원

김은주

고려대학교 심리학과 박사과정 수료 (생물심리학 전공)

현) 고려대학교 강사

    뇌기능 행동분석센터 연구원

이연경

고려대학교 심리학과 석사과정 수료 (생물심리학 전공)

고려대학교 강사

현) 뇌기능 행동분석센터 연구원

사진 : 이태호

고려대학교 심리학과 석사과정 수료 (임상심리학 전공)